« La vie n'est pas faite
pour être économisée »

Jack LONDON

PHOTOS : JACQUES LANGE ET NICOLAS VANIER AINSI QUE
LAURENT DICK, THIERRY MALTY ET FRED BLANC.

Conception et réalisation graphique : ■●■ EDO

Nicolas Vanier

Un hiver

SUR LES TRACES DE JACK LONDON

Éditions de La Martinière

YUKON RIVER
Eagle Summit
CIRCLE
CENTRAL
Biederman's
FAIRBANKS
ANGEL
North Pôle
American Summit
EAGLE
Forty Mile
DA
TAYLOR
HIGHWAY
YUKON RIVER
ALASKA
ALASKA
HIGHWAY
OCÉAN
PACIFIQUE
P.V

CANADA
FAIRBANKS
WHITEHORSE

ITY
KLONDIKE HIGHWAY
n's
ome
BLACK
HILLS
CROGGIE
CREEK
PELLY CROSSING
CANADA
CARMACKS
LAC
LABERGE
BRAEBURN
WHITEHORSE
Check-point
Dog drop

SOMMAIRE

FULDA
1897
THE JOURNEY BEGINS
1897
THE JOURNEY BEGINS
1897
27

Sale départ

Ce départ ne nous ressemble pas. Mes chiens et moi n'avons pas l'habitude de la foule. Jusque-là, nous étions seuls. Un ou deux amis, tout au plus, venaient nous souhaiter bonne chance. Aujourd'hui, des milliers de personnes sont venues de tout le Canada et l'Alaska pour assister au départ de la Yukon Quest.

Les haut-parleurs hurlent mon nom, ceux de mes chiens, résument notre histoire en insistant sur l'expédition que Diane et moi avions effectuée avec notre petite fille d'un an et demi, poétiquement appelée l'enfant des neiges.

La foule produit un vacarme épouvantable et la horde de journalistes, photographes, cameramen et preneurs de son qui se marchent les uns sur les autres m'empêche de visualiser la piste.

– 1, 2, 3, GO !

C'est parti. La meute s'élance aussitôt, pendant que le public hurle des encouragements avec d'autant plus d'enthousiasme qu'un Français au départ de la plus difficile courses de traîneaux à chiens au monde ne passe pas inaperçu, surtout avec des chiens comme les miens.

Malgré le bruit de la foule, le crépitement des appareils et des flashes, ils s'élancent sur la piste comme à la parade, bien en ligne, tout trait tendu, sans une faute. Heureusement, car même en criant, Voulk et Nanook placés en tête de l'attelage ne m'entendraient pas.

À quelques secondes du départ de la Yukon Quest, avec mon dossard numéro 27.

C'est tout de même un sale départ car depuis une heure, j'angoisse. Alors que je préparais mes chiens et chargeais le traîneau entouré de copains et de journalistes, Montaine a disparu. Mes amis partent à sa recherche et je me retrouve seul à faire ce que nous avions convenu d'effectuer à plusieurs si bien que je suis en retard. Le départ est à 14 h 54 et si l'attelage n'a pas dégagé à 14 h 56, nous sommes disqualifiés.

Or, nous préparons cette course depuis deux ans.

Je râle en imaginant ma pauvre petite fille de quatre ans égarée dans la foule, en train de pleurer.

Je préviens tout le monde. On tente de me rassurer :

– T'inquiètes pas, elle est sûrement avec Zelda, répète Jérôme.

Facile à dire. Je préviens :

– À dix kilomètres d'ici, nous passons sous un pont. Je veux y voir quelqu'un pour savoir si on a retrouvé Montaine. Dans le cas contraire, j'arrête tout.

J'ai une boule à la place de l'estomac. J'avais énormément besoin d'embrasser ma petite princesse et il y avait trop d'inquiétude dans les yeux de Diane.

Soudain, attiré par je ne sais quel septième sens, sur ma gauche, mon regard croise, au milieu de la masse, celui de ma fille qui agite ses petites mains en criant « Allez Papa ». Mes chiens galopent et je n'ai qu'une demi-seconde pour lui hurler un mot. Des larmes me montent aux yeux. Je souris enfin à la foule compacte, qui de part et d'autre de la piste nous souhaite bonne chance.

Un kilomètre plus loin, nous quittons la ville de Whitehorse pour descendre sur le Yukon. Le public se fait moins nombreux. Je peux enfin parler à mes chiens.

– C'est bien Voulk ! Allez les chiens ! Vas-y Yap !

Voulk entraîne la meute sur la piste jalonnée de petits piquets de bois peints

Kilométrages entre les check-points

De Whitehorse à Carmacks :	240 km
De Carmacks à Pelly Crossing :	128 km
De Pelly Crossing à Dawson city :	384 km
De Dawson city à Eagle :	240 km
De Eagle à Circle city :	288 km
De Circle city à Central :	136 km
De Central à Angel Creck :	128 km
De Angel Creck à Fairbanks :	176 km
Total :	**1720 Km**

Les chiens sont tellement surexcités qu'ils doivent être maîtrisés.

5, 4, 3, 2, 1… L'émotion est à son comble.

en rouge et blanc, sur lesquels sont cloués des morceaux de plastique fluorescent.

Derrière nous, les rumeurs de la ville s'estompent.

Le tirage au sort a voulu que je sois l'avant-dernier. Le vingt-septième sur les vingt-huit participants. Je pars donc avec cinquante-quatre minutes de retard sur le premier concurrent ; elles me seront redonnées à Dawson, à mi-parcours.

C'est parfait, je vais commencer tranquillement, comme je le souhaite, sans précipitation. Je m'arrête sur le bord de la piste pour féliciter mes chiens.

D'autres ont eu moins de chance avec leurs attelages qui, les ont envoyé valdinguer dans des congères, ou qui, apeurés par la foule, ont rechigné à s'élancer sur la piste.

Le vingt-huitième concurrent me double. Me voilà dernier et serein.

Il fait trop chaud pour mes pauvres gros chiens arctiques à la fourrure trois fois plus épaisse que les alaskans, la race de chiens qu'utilisent tous les autres concurrents pour un poids moyen de vingt-cinq kilos. En fait, ce n'est pas vraiment une race. L'alaskan est un sans-papiers, une bête de course avant tout, fruit de croisements réfléchis entre différentes

Pages suivantes :
Frank Turner, la grande star de la course.

MMUNICATIONS
YUKON QUEST
FULDA
WES

KON QUEST
MARK Fairbanks
KON QUEST
YUK

Le départ en plein centre-ville de Whitehorse avec des spectateurs venus de tout le Canada, l'Alaska et les États-Unis.

races de chiens de traîneau ou non, tels que le huskie sibérien et le lévrier.

Ces bâtards sont de formidables champions qui réalisent des performances étonnantes depuis qu'ils sont apparus, en 1987, sur les courses de longue distance.

Mais pourquoi participer à cette course de plus de mille six cents kilomètres avec mes chiens de quarante-cinq kilos ? Moi qui aime prendre mon temps, observer les paysages, suivre la piste des animaux, parler aux gens que je rencontre ? Moi qui ai fait mienne la devise : « On ne gagne vraiment que le temps perdu en chemin. »

Pourquoi ?

L'histoire est longue.

NAISSANCE DES COURSES

Baldy fut l'un des chiens de tête les plus célèbres d'Alaska. Il fut le premier à franchir la ligne d'arrivée de la première course organisée en 1907 à Nome.

C'était une bande de gamins qui avaient eu l'idée de cette course de onze kilomètres et le fils de Scotty Allan la gagna. À Nome, on surnommait Scotty « le roi des pistes arctiques » en hommage à sa grande connaissance des chiens et du Nord.

Le samedi suivant, les gamins recommencèrent à courir alors que les adultes se contentaient de grossir les rangs du public avide de distractions en un endroit où il n'y en avait guère.

C'est Scotty Allan qui proposa l'idée d'une course beaucoup plus longue faisant plus appel à la résistance des chiens qu'à leur rapidité.

Un avocat s'enthousiasma pour le projet et créa une association pour l'encourager : « Le Nome Kennel club ».

On décida d'un itinéraire de six cent cinquante kilomètres entre Nome et Candle, aller et retour. Une belle épreuve baptisée l'« All Alaska Sweepstakes ».

Au mois d'avril 1908, à la veille de la course, la fièvre était totale à Nome. On ne parlait plus que de cela et l'Alaska vibra au rythme des attelages jusqu'à l'arrivée, cinq jours plus tard.

Les courses de chiens de traîneau étaient nées.

Otchum

Ce chien est connu et il le mérite. « Ce chien est un type formidable » disait de lui Jean-François Chaigneau dans Paris Match. C'est tellement vrai.

Je l'ai rencontré en Sibérie, sur les bords du lac Baïkal. Il avait quelques mois lorsqu'un trappeur me l'a offert. C'était un laïka, une sorte de chien de chasse à courre des neiges utilisé pour poursuivre les zibelines, les wolverines et les ours. Otchum n'aurait jamais dû être un chien de traîneau. Nous nous préparions avec trois équipiers et vingt-huit compagnons à fourrure, à traverser trois mille kilomètres en Sibérie au plus froid de l'hiver. Comme nous avions des harnais et des traîneaux, nous l'avons attelé pour essayer. Surprise, il s'est aussitôt mis à tirer comme s'il avait fait ça toute sa vie.

Bien qu'un peu trop jeune à sept mois, nous avons décidé de l'emmener. Otchum n'a cessé de nous étonner pendant ces mois difficiles par – 50°C de moyenne, à tel point qu'il a terminé l'expédition en tête ! Un record pour un chien de cet âge.

Tous les chiens sont alors rentrés en France, goûter un repos bien mérité dans les Alpes où nous les avions entraînés pour cette hivernale. Otchum et moi avons continué pendant plus d'un an le voyage à travers la Sibérie avec des poneys, puis des rennes et enfin en canot.

De retour en France, nous nous sommes mariés, chacun de notre côté ! Lui avec une belle groenlandaise aux yeux dorés, Ska, qui lui a donné neuf fils et une fille. Moi avec Diane, avec laquelle j'ai eu Montaine et plus tard, Loup.

Et j'ai eu un énorme coup de pot.

Personne ne savait ce qu'allait donner ce croisement entre un laïka et une groenlandaise.

Otchum a traversé avec moi la Sibérie, les montagnes Rocheuses, le Yukon, l'Alaska et la Laponie...

Pages suivantes : ***Avec les poneys sur le fleuve gelé de la Lena en Sibérie.***

Ska, la mère de tous mes chiens. Ici avec sa première portée, Torok, Voulk, Baïkal et Nanook.

Après un an de voyage en famille, l'arrivée à Dawson.

Les chiots étaient magnifiques, « très bien faits » comme on dit dans le jargon des mushers (les conducteurs de chiens de traîneau).

Mais allaient-ils bien tirer ?

Dès l'âge de quatre mois, le résultat ne s'est pas fait attendre. Ces chiens allaient vite et se révéleraient surtout par la suite très endurants. Avec Jérôme, chez qui les chiens étaient choyés, élevés et entraînés dans le haut Jura, nous sommes partis traverser la Laponie, depuis la Norvège en passant par la Finlande jusqu'à la péninsule de Kola.

La meute emmenée par Otchum réalisait des étapes de quatre-vingts kilomètres malgré un chargement de cent cinquante kilos.

J'étais comblé.

Puis, avec Diane et Montaine, nous sommes partis vivre un an dans les montagnes Rocheuses.

Pour atteindre Dawson, ultime but de notre expédition, nous avons emprunté la piste de la Yukon Quest sur plus de sept cents kilomètres. De toute façon, il n'existe qu'une route. C'est le chemin qu'ont utilisé il y a un siècle les chercheurs d'or du Klondike. Jack London en faisait partie et l'a révélé au monde entier grâce à de formidables récits comme « Croc Blanc » et « L'Appel de la forêt », pour les plus connus, mais aussi « Burning Daylight » et « Mille douzaines d'œufs ».

Les fils d'Otchum étaient alors âgés de deux et trois ans car ils provenaient de trois portées différentes, et avaient déjà plus de cinq mille kilomètres à leur actif.

Sur la piste de cette course de légende, je me suis surpris à chronométrer nos temps, pour aller d'un endroit à un autre, et à les comparer à ceux réalisés par les meilleurs mushers du monde. Nous étions tous les trois sur le traîneau, Montaine confortablement installée dans des fourrures et à l'arrière, Diane et moi sur les patins du traîneau, chargé de plus de deux cent cinquante kilos de nourriture et de matériel.

Pourtant, nous avancions drôlement vite et forcément, ça m'a donné une idée : pourquoi pas nous ?

À Dawson, une rencontre a décidé de la suite : Frank Turner, vainqueur de la course cette année-là, détenteur du record et seul musher à avoir pris le départ de toutes les Yukon Quest depuis treize ans. Une vraie star de la piste glacée.

– Viens chez moi, je t'apprendrai tout. On s'entraînera ensemble.

Apprendre ?

En quinze ans, j'ai bourlingué un peu partout dans l'hémisphère Nord. J'ai accumulé ainsi une expérience me permettant par exemple de voyager en toute sécurité, même par – 50°C, avec une petite fille d'un an et demi en traîneau sur le lit imparfaitement gelé d'une rivière. Mais à vrai dire, en milieu sauvage après quelques dizaines de milliers de kilomètres effectués sur toutes sortes de fleuves, banquises, montagnes ou déserts glacés, je stagne un peu, du moins techniquement. En m'engageant dans une course comme celle-ci et surtout en ayant la chance de m'y préparer avec le meilleur, je vais beaucoup apprendre.

Frank Turner, l'un des plus grands mushers du monde, recordman de la Yukon Quest.

Et puis j'ai la sensation que cette meute, unique au monde, peut réaliser de grandes choses.

– OK Frank, dans deux ans, je suis au départ.

Car, ayant pour habitude de faire les choses à fond, je veux que les chiens s'entraînent une année entière dans le Grand Nord et participent au moins à une grande course avant la Quest.

Nous rentrons en France, et c'est le drame. Une bagarre entre Otchum et ses fils, qui s'y mettent à plusieurs pour le tuer. Ce sont des loups quand ils se battent. C'était fini en moins d'une minute, ce qui ne nous a pas laissé le temps d'intervenir.

J'ai trop de pudeur pour évoquer quelle fut notre détresse lorsque nous avons perdu ce compagnon qui nous a plusieurs fois sauvé la vie, cet ami avec lequel nous avions vécu tant de choses.

La nature n'est pas un conte de fées.

À la fin du voyage, Montaine pouvait diriger seule Otchum, attelé devant une luge.

Je suis resté un mois sans voir les chiens. Il me fallait du temps. Mais ce ne sont pas les vrais responsables de ce drame, Diane et moi le savons bien. Ce chien était trop différent. À l'image de ma réponse lorsqu'on me demandait combien j'avais de chiens : dix et Otchum. La meute n'a pas accepté. Il cumulait trop de qualités. C'était le chef, le chien de tête et surtout notre préféré, même si nous tentions de ne pas le montrer. Mais on ne peut pas tricher avec les chiens.

Alors qu'aurait-il fallu faire pour éviter ce drame ?

Remuer le couteau dans cette plaie profonde ne sert à rien.

Lorsque je retrouve la meute dans le Grand Nord québécois où Jérôme commence un entraînement intensif, je n'ai plus d'appréhension. J'ai réglé mes problèmes avec ma conscience et ma souffrance.

D'Otchum, je garde une période de vie et des souvenirs extraordinaires.

Il est là, avec moi, toujours.

Pages suivantes :
La meute au complet, Otchum en tête.

L'entraînement

On ne peut pas entraîner en France, même en montagne, une meute de onze chiens pour une course de mille six cents kilomètres. Question de température, de piste, de tout...

On doit pouvoir aligner quatre-vingts kilomètres sans s'arrêter. Pour cela il faut au moins une température de – 20°C et plusieurs pistes différentes, sinon les chiens se lassent. Durant l'hiver précédent, les chiens ont couru plus de cinq mille kilomètres, sans compter ceux effectués en août, septembre et octobre avec un quad (moto à quatre roues) dans le Jura. La longue distance est devenue un métier.

La Yukon, de par son relief et son climat, offre une multitude de paysages fabuleux pour l'entraînement des chiens.

Le plus dur n'est pas, bien évidemment, d'aligner les kilomètres, mais surtout de les réaliser le plus rapidement possible. Pour cela, il faut que les chiens soient en forme physiquement, mais l'essentiel c'est le moral.

Un chien de traîneau aime tirer tout comme un chien de chasse aime chasser ; il faut entretenir cette envie. Les Canadiens appellent cela le « will to go ». Il faut, quels que soient la distance et le nombre de sorties par semaine (souvent sept), que les chiens conservent cette joie qui les habite sur la piste. Il est donc primordial que le musher et les chiens s'entendent. Tirer doit être un jeu tant que le chien ne fait pas d'erreur. Sinon, il faut savamment doser les réprimandes.

Il est surprenant de voir à quel point la cadence baisse lorsque le musher, pour une raison ou pour une autre, n'est pas en forme. Les chiens le ressentent. Le musher s'en rend compte et cherche à faire accélérer. Les chiens n'aiment pas ça et ralentissent encore. C'est à éviter à tout prix. En

Les chiens et les pôles

Impossible d'évoquer les courses de longues distances en traîneau à chiens sans parler des pôles qui furent le théâtre des plus extraordinaires mais aussi des plus tragiques courses réalisées par des hommes et des chiens.
C'était bien de courses dont il s'agissait, tout d'abord, car les prétendants au titre étaient plusieurs et une seule solution se présentait pour résoudre les problèmes de nourriture, donc de poids : aller le plus vite possible pour en consommer le moins possible.
Chacun avait sa technique mais toutes ces expériences ont surtout montré combien les chiens pouvaient être liés à la réussite de toute expédition polaire.
Robert Peary et Frederick Cook au pôle Nord, puis Roald Amundsen au pôle Sud, n'auraient jamais réussi sans chiens.

entretenant un certain rythme pendant plusieurs dizaines de sorties, les chiens finissent par le garder. À ce niveau-là, tout est important : le traîneau, la qualité des lisses dont dépend la glisse, les harnais parfaitement adaptés à chaque chien, le frein, les traits...

On gagne ainsi ou on perd un demi-kilomètre à l'heure. Sur une course de mille six cents kilomètres, cela fait une sacrée différence !

Bref, il ne faut rien laisser au hasard. Rien. La course est devenue un métier : trois cent cinquante jours par an, avec des écuries de plus de cent chiens. Il n'y a plus de place pour les rêveurs et les trappeurs. Après l'avoir été si longtemps, j'essaie d'être le plus pro possible. Je ne veux pas faire cette course pour la figuration.

Jérôme et moi commençons à apprendre les ficelles du métier. À la fin de l'hiver, les chiens effectuent une course de trois cents kilomètres en une trentaine d'heures. C'est un bon début.

Ils rentrent en France par avion cargo. La meute commence à bien connaître le personnel d'Air Canada et réciproquement !

Dès juillet, devant le quad, ils trottent sur les chemins de débardage des forêts du haut Jura, pour leur plus grand bonheur. Si bien qu'en retournant au Canada, dès la fin du mois de novembre, ils peuvent déjà commencer à s'entraîner sur plus de trente kilomètres par jour.

En été, Jérôme Allouc entraîne la meute tous les matins sur les hauts plateaux du Jura.

Frank Turner, chez qui nous sommes installés, trouve que nos gros chiens vont vite. En effet, nous nous situons dans une moyenne de dix miles à l'heure soit environ seize kilomètres/heure. Les « formules 1 » de Frank tournent à onze/douze miles à l'heure. Or, pour la Quest, la moyenne à tenir si l'on veut conserver ses chances est d'environ cent cinquante kilomètres par vingt-quatre heures, durant lesquelles on alterne travail et repos.

Il y a six ou sept ans encore, les périodes étaient scandées ainsi : quatre heures de marche, quatre heures de repos. Repos seulement pour les chiens car le musher doit nourrir, fabriquer de l'eau, soigner les pattes, réparer le traîneau, préparer l'étape suivante...

Les mushers ont allongé ces périodes à six/huit heures avec quelques pointes à dix/douze heures de marche. Au début de la course, on tend à équilibrer repos et marche, puis si la condition de l'attelage le permet, on augmente la marche et réduit le repos. Le but est bien entendu d'effectuer le maximum de kilomètres par heure de marche.

Tout est une question de dosage. De savant dosage.

La capacité de récupération des chiens est aussi importante que leur vitesse. Or, Frank et moi-même ignorons celle de mes chiens. Récupèrent-ils mieux ou moins bien que les Alaskans ?

Pages suivantes : Les chiens doivent obéir très strictement à une dizaine d'ordres dont l'incontournable « Assis ».

Voilà ce que Frank dit au mois de novembre :

– Par grand froid, c'est certain, tu auras toutes tes chances. Par très grand froid, au-delà de – 45°C je doute qu'un seul attelage de la Quest puisse te rivaliser. Par température normale, entre – 20°C et – 40°C, tout dépend de la capacité à récupérer de tes chiens. Ça, c'est l'inconnu.

Au-dessus de – 20°C, tu n'as aucune chance de rivaliser ! Toi, tu as un atout de plus. Tu connais très bien le froid, le Nord en général et tu es très endurant. Il te reste à apprendre à aller vite, optimiser chaque geste, t'économiser au maximum.

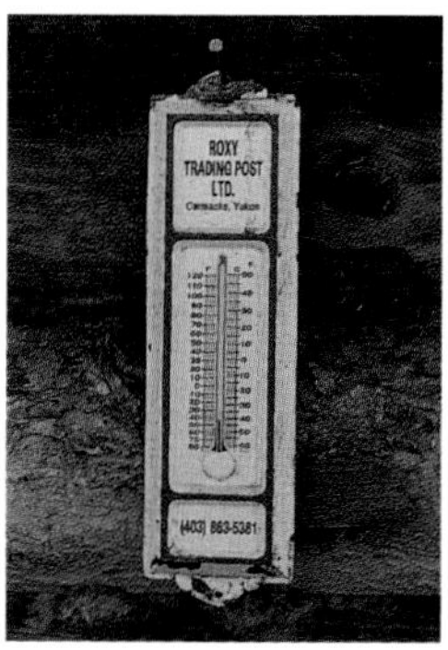

Je pose beaucoup de questions et Frank m'explique, me donne tous ses trucs. J'apprends. Notre amitié basée sur une sorte d'admiration réciproque nous permet de parler librement de nos différentes expériences.

C'est très enrichissant, surtout pour moi. J'apprends plus de Frank qu'il n'apprend de moi.

Pour combler ce décalage, il faudra qu'un jour je l'emmène dans les montagnes sur les pistes sauvages loin des check - points et des pistes balisées.

Mais les alaskans, formidables « formules 1 », rapides et fragiles, n'ont plus grand-chose à voir avec de vrais chiens de traîneau. Sont-ils encore capables de tracter un traîneau de trois cents kilos pendant des mois dans la neige profonde ? J'en doute.

Un hiver
CHAPITRE 4

Famille des neiges

C'est une belle journée ensoleillée, – 30°C sans vent, idéale. Quoi de plus formidable que de pouvoir concilier l'entraînement de mes athlètes avec une belle balade en famille dans les vallées sauvages des Rocheuses ?

Aujourd'hui, c'est notre première sortie ensemble, tous les quatre.

Lorsque nous installons confortablement Montaine à l'arrière du traîneau, sur une peau de caribou, enveloppée dans une épaisse doudoune, avec son petit frère Loup, elle semble se souvenir de tout. Du « c'est-chaud-dedans », un petit appareil de chauffage à charbon que nous avions utilisé pendant notre longue expédition hivernale à travers les montagnes Rocheuses et le Yukon jusqu'en Alaska, du nom de ses chiens préférés, des harnais, de la tente, du petit poêle à bois, de tout ce qui a constitué durant un an son univers. Loup, dix mois, écarquille ses grands yeux et Montaine, très maternelle, joue la maîtresse.

– Le gros chien, c'est Torok, et la petite : Oumiak.

Elle surveille son frère tout comme nous l'avons fait pendant des mois, utilisant les mêmes gestes et le même vocabulaire.

– T'as chaud à tes petits pieds, Loup ? dit-elle en enlevant ses gants pour vérifier que le « c'est-chaud-dedans » fonctionne correctement.

Ils sont adorables tous les deux, serrés l'un contre l'autre à l'arrière du traîneau, avec le givre qui frange leurs cils bruns.

Malheureusement, au second virage, Diane, qui a un peu oublié la technique de conduite en duo, accompagne le

Entraînement en famille, Diane et moi sur les patins, Montaine et Loup dans le traîneau.

traîneau dans la courbe plutôt que de faire contrepoids. La punition est immédiate, d'autant plus que les chiens vont vite. C'est la gamelle !

Tout le monde tombe, tandis que les chiens continuent de tirer sur une vingtaine de mètres si bien que les enfants, coincés par le guidon du traîneau suivent le mouvement en raclant la glace recouverte d'une petite pellicule de neige.

– Hoooola ! les chiens !

Lorsque le traîneau s'immobilise enfin, Loup est noyé sous une congère. Montaine hurle.

Sale départ !

Loup n'a rien, Montaine non plus. Heureusement, la glace ne présentait aucune aspérité. Diane et moi, nous nous engueulons. Aucun spectateur n'aurait cru une seconde que ce drôle d'équipage, (sauf Loup), avait effectué plus de deux mille kilomètres en traîneau sur des pistes on ne peut plus difficiles à travers les montagnes Rocheuses et le Yukon. Mais nous sommes seuls sur le fleuve gelé.

Loup, dans les bras de sa mère, finit par se calmer. Montaine a un peu peur.

– Je veux pas tomber ! Je veux pas tomber ! répète-t-elle.

– Tu ne vas plus tomber, je te le promets. C'est fini. Calme-toi.

Elle ne semble pas tout à fait convaincue mais consent tout de même à remonter dans le traîneau.

Nous pouvons repartir.

La piste longe la rive car au centre le Yukon n'est qu'un chaos de glace et présente des zones ouvertes. C'est un fleuve très dangereux. En hiver, même à l'époque de la Ruée vers l'or, les aventuriers voyageaient par les terres ouvrant une piste dans les Black Hills, utilisées aujourd'hui pour la Yukon Quest.

Plus que jamais je pense à cette époque formidable qui a inspiré Jack London pour quelques-unes de ses plus belles œuvres. Il y a tout juste cent ans, se déclenchait la plus remarquable Ruée vers l'or que le monde ait connu. Des dizaines de milliers d'hommes se sont plongés dans une formidable aventure au cœur d'un territoire dont on n'avait pas encore dessiné les cartes. À cheval, à pied, en raquettes, en radeau, avec des chiens, ces hommes se sont épuisés sur des pistes jonchées de cadavres. Ils ont gelé dans les blizzards, se sont noyés dans les rapides. D'autres, affamés, ravagés par le scorbut ont péri dans d'atroces souffrances, assaillis par les moustiques et les moucherons. Une infime minorité a fait fortune mais beaucoup ont découvert dans ces terres sauvages une richesse bien plus grande que tout l'or du monde. Une irrésistible et inexplicable attirance. Ce que Jack London nommait « l'appel du Grand Nord » s'était profondément ancré en eux. Une fois rentrés, ils ne souhaitaient qu'y retourner, malgré toutes les souffrances endurées. C'est à la mémoire de ces hommes qui se sont enfoncés dans le pays, sans carte et sans liaison, pour prolonger le souvenir qu'existe la Yukon Quest.

Montaine et Loup, confortablement installés à l'arrière du traîneau, profitent de la chaleur d'un petit système de chauffage au charbon.

Les aventures d'aujourd'hui, quelles qu'en soient les difficultés et l'envergure, malgré toutes les déformations de l'auteur ou des médias pour créer l'événement, n'ont rien de comparable.

Je suis un peu nostalgique de cette époque dont je me suis si souvent inspiré, lorsque je traversais l'Alaska en radeau, les montagnes Rocheuses à cheval ou des milliers de kilomètres de pistes glacées avec mes chiens. Mais, quand il me manquait quelque chose, même si je me trouvais à quelques semaines de marche d'un village, je savais où les situer grâce aux cartes et j'y trouvais tôt ou tard un téléphone, obtenant à peu près tout ce dont j'avais besoin.

Pages suivantes : Montaine apprend à donner les ordres aux chiens. Loup, émerveillé, vit son conte de Noël.

Mes aventures dans le Grand Nord n'ont fait que renforcer mon admiration pour les chercheurs d'or, trappeurs, coureurs des bois, Indiens et Inuits, qui ont « fabriqué » ce pays.

Lorsque j'ai traversé pendant un an et demi la Sibérie, parfois sans carte, sans renseignement, sans aucune liaison

Double page précédente : biberon par -40°

Montaine

Loup

Le réconfort dans la tente, avec le petit poêle à bois pour chauffer et surtout faire cuire le repas.

possible avec l'extérieur, et surtout en découvrant des hommes vivant encore en harmonie avec la nature, j'ai eu la sensation de toucher un peu du doigt cette époque. J'ai eu la chance, lorsque le pays s'est ouvert, d'être le premier à traverser tous ces territoires : Tofolar, Bourriat, Evènes et autres. Une possibilité que d'autres n'auront plus car le pays s'est maintenant transformé, comme le Canada s'était modifié avant lui. Un changement qu'on appelle le progrès. Un progrès, il est vrai quand par exemple une vie peut être sauvée grâce à un coup de téléphone et un hélicoptère qui permet de se rendre à un hôpital construit là où rien n'existait. Mais un gaspillage quand il s'agit de toutes ces cultures dont on a mal ou pas du tout mesuré l'importance et la richesse, au point de les tuer. Gaspillage encore si l'on pense aux catastrophes écologiques que le progrès a semées derrière lui.

Le progrès, à défaut d'être nécessaire, est indissociable de l'humanité. Il est aussi illusoire de vouloir suspendre la croissance d'un enfant que de prétendre l'arrêter. Souhaitons seulement qu'il se fasse aujourd'hui, dans les pays d'en haut, plus raisonnablement. D'autant qu'on développe actuellement un culte nostalgique aux civilisations décimées, à tout ce qui a disparu.

La prise de conscience devrait remplacer le cynisme.

Je me souviens d'une phrase d'un écologiste américain : « Ce n'est pas tant de sauver le condor qui est important mais c'est surtout que pour réussir, l'homme devra développer des qualités qui, plus tard le sauveront lui-même. » À méditer.

Dans les solitudes blanches, sur un fleuve gelé, même avec une petite fille et un petit garçon gazouillant à l'arrière du traîneau glissant silencieusement sur les pistes blanches, on s'abstrait du superflu pour ne plus penser qu'à l'essentiel : nos civilisations prétentieuses doivent agir différemment et signer enfin un véritable pacte avec la terre.

Trappeur

Pour entraîner les chiens, nous utilisons plusieurs pistes parfois longues de plus de cent kilomètres, qu'entretiennent avec leur motoneige les propriétaires de lignes de trappe. C'est l'idéal. Nous en affectionnons deux tout particulièrement.

La première s'enfonce loin dans les montagnes Rocheuses. Nous avons monté la tente au bord d'un lac situé à une quarantaine de kilomètres du Yukon pour y faire halte une nuit ou quelques heures. La piste, très variée, offre quelques belles pentes. Les chiens doivent conserver le rythme en montant comme en descendant. Il ne faut pas les laisser aller trop vite dans la descente car ils s'essoufflent et risquent dans l'affolement de se prendre une patte dans un trait, de se déchirer un muscle ou s'abîmer un tendon. Le mieux est de conserver un trot rapide, sans prendre le galop. Les « wheel dogs » (placés immédiatement devant le traîneau) n'aiment pas les descentes. Il arrive que sur une pente verglacée ou sur n'importe quelle surface, le frein ne morde pas suffisamment, et que le traîneau les rattrape. Les plus expérimentés regardent toujours derrière eux afin de pouvoir réagir au cas où, en accélérant ou en se garant sur le côté. Au musher d'éviter d'embarquer l'attelage dans une descente où il ne pourra contrôler la vitesse du traîneau. La confiance que les chiens accordent à leur conducteur est à ce prix. Dans le cas contraire, la note à payer peut être salée. Mes chiens ont confiance en moi et réciproquement. Nous formons une belle et joyeuse équipe.

Le lynx est l'un des animaux à fourrure les plus recherchés par les trappeurs.

▲ *Le Chilkoot Pass. Les chercheurs d'or devaient le franchir avec au moins une tonne de vivres et de matériel.*

La seconde piste sur laquelle nous nous entraînons est une ligne de trappe utilisée par un David Crocket de... quatre-vingt-six ans ! Il en paraît soixante et, dans la taïga, à pied, en raquettes ou sur son motoneige, il peut épuiser plus d'un citadin de vingt-cinq ans !

Son histoire est à l'image du pays. Son père fut de la grande Ruée vers l'or du Klondike. Un « vrai de vrai ». Il a franchi le Chilkoot Pass, cette célèbre montagne devenue le symbole de la Ruée grâce à la photo d'une interminable file d'hommes courbés sous la charge, gravissant une pente verglacée à 45°C. Puis il construisit un radeau pour descendre les rapides du Yukon dans lesquels une embarcation sur quatre se fracassait sur les rochers. Il arriva dans une gigantesque ruche où des milliers de tentes se dressaient à l'embouchure du Klondike. Plus tard, cela devint Dawson.

▲ *À Dawson, des dizaines de milliers de chercheurs d'or se sont rassemblés.*

Il passa l'hiver avec juste assez de nourriture pour survivre dans des conditions très précaires par – 30°C de moyenne avec des pointes à – 60°C. Comme la plupart de ces aventuriers, il n'a trouvé qu'un petit filon, revendu 2 000 dollars alors qu'il en avait dépensé le triple. Ces filons étaient rachetés par de grosses compagnies disposant du matériel d'extraction nécessaire et pouvaient rapporter jusqu'à mille fois la mise. Les rares qui ont réellement gagné de l'argent furent ceux qui avaient amené dans leurs bagages des filles, du whisky, de la farine et du lard. On raconte que pour passer une nuit avec Flora, un chercheur d'or avait posé sur une balance l'équivalent en poudre d'or du poids de son soutien-gorge. On imagine ce que sept ou huit « Flora » pouvaient rapporter. À Dawson, il valait mieux avoir une Flora qu'une mine d'or...

Maintenant, les trappeurs utilisent tous le motoneige pour se déplacer sur leur ligne de trappe de plus en plus longue.

En désespoir de cause, le père se mit à chasser. Il revendit la viande à prix d'or. Un jour, il échangea un cuissot d'élan « dérobé » à une meute de loups contre un chien. Il en acheta un deuxième puis un troisième pour finalement se constituer un petit attelage de sept chiens avec lequel il entreprit une fois par semaine le voyage entre Dawson et Forty Mile pour le compte de la poste. À l'aller, comme on pouvait bien attendre le courrier un jour de plus, il posait des pièges et les relevait au retour.

C'est ainsi qu'il est devenu trappeur. Plus tard, il a initié son fils, Jim.

– J'ai trappé pendant trente ans avec des chiens, j'aimais ça, mais comme beaucoup, il a fallu que je m'achète une de ces satanées motoneiges, m'explique le vieux trappeur. Le prix de la fourrure a baissé, et j'ai dû trapper davantage. Mais il n'est pas question de prélever sur un territoire plus qu'une certaine part. C'est d'ailleurs à ce prix que l'on conserve un équilibre.

Il alla donc plus loin sur des terres abandonnées par d'autres...

Jim regrette le bon vieux temps et jette sur mon attelage un regard chargé de nostalgie. Il trappe quelques loups, une dizaine de lynx, une centaine de martres par an, incarnant parfaitement à lui seul l'image que l'on se fait du trappeur : amoureux et respectueux de la nature à l'intérieur de laquelle il a sa place.

– Si j'arrête, personne ne prendra ma succession. Les animaux à fourrure vont augmenter pendant deux ou trois ans à raison de 10 à 15 % par an – part que je prélève habituellement – puis ils se trouveront en surpopulation par rapport à leurs proies qui, elles, diminueront. L'année suivante, le nombre de prédateurs va baisser à son tour jusqu'à retrouver un équilibre. Ensuite, tous augmenteront à nouveau peu à peu jusqu'à atteindre le niveau d'aujourd'hui. Il n'y aura ni plus, ni moins d'animaux. Un seul aura disparu : moi !

Pose d'un collet pour les lièvres

Et quelle perte !

Jim est l'âme d'un pays comme celui-ci. Le coureur des bois est une espèce en danger. Sa disparition serait aussi grave que si une espèce comme le lynx ou le loup s'éteignait.

L'homme et la nature sont indissociables : il évolue avec elle. Même si l'homme moderne s'en coupe, il reste des individus comme lui qui vivent en harmonie dans le plus beau et le plus parfait des équilibres. Pensons à protéger les animaux mais n'oublions pas les hommes. Souvent les défenseurs de la nature, écologistes et autres, agissent contre elle, sans s'en rendre compte car ils n'en font plus partie. Écoutons ceux qui y vivent.

Profession musher

Basé près de Whitehorse, à une demi-heure en voiture de la ville, nous sommes suffisamment à l'écart pour jouir de la nature tout en ayant les avantages de la civilisation. Quel contraste avec l'hiver passé dans notre cabane à un mois de marche du premier village ! Si un soir, l'envie nous avait pris d'aller en ville – et c'est arrivé souvent –, il nous aurait fallu deux mois rien que pour un aller-retour !

Avec Alain Brénichot, un ancien équipier de l'expédition en Sibérie, et Jérôme Allouc, nous mettons sur pied un projet qui nous tient à cœur depuis longtemps : une petite structure permettant d'accueillir quelques Européens désirant s'initier à la conduite du traîneau à chiens et effectuer des randonnées dans les vallées sauvages des montagnes Rocheuses.

Alain pêche sous la glace. Il faut une heure pour creuser les trous. Et surtout de la patience.

Nous accueillons cet hiver les premiers « privilégiés ». Alors que j'appréhendais ces voyages, je me surprends à ressentir un véritable bonheur en partageant avec eux notre amour du Nord et des chiens. Combien de lettres reçues en quinze ans de gens désirant tenter une expérience, auxquels je ne savais que répondre ? Le bonheur de ceux qui sont venus, à l'image de Patrick avec qui nous partons ce matin, sur le lac Laberge éblouissant de beauté, est communicatif.

Lorsqu'on aime profondément quelque chose, même pour un égoïste comme moi, le plaisir de le faire découvrir à d'autres est réel.

Par -40°C, un entraînement de 80 kilomètres sur une excellente piste.

Nous allons continuer l'expérience, l'étendre peut-être à des voyages estivaux en canot et à cheval. Avec Alain, nous nous imaginons déjà bâtir un immense châlet en bois rond,

Extrait du livre « Farthest North » de Fridtjof Nansen, relatant sa première expérience en traîneau à chiens :
« Quand je réussis à les arrêter, ils repartirent en me bringuebalant derrière, et je jurais comme un fou que je leur briserais les os quand je les attraperais.
Les chiens obéirent. Puis, ils recommencèrent à tirer comme des forcenés vers la destination de leur choix.
Je parvins à les immobiliser en plantant mes jambes dans la neige, entre les patins du traîneau, et en enfonçant un gros hameçon de phoque. Mais, profitant d'un instant d'inattention, ils tirèrent d'un même élan.
Je m'étalai sur mon derrière, et nous partîmes à une vitesse effrayante. Je perdis le siège où j'aurais dû prendre place, puis le fouet, puis mes gants, puis mon chapeau. Une ou deux fois, je courus devant les chiens et essayai de les forcer à faire demi-tour. Ils sautaient sur les côtés en accélérant ; les rênes s'emmêlèrent autour de mes chevilles, je fus jeté à plat sur le traîneau, et ils coururent plus sauvagement que jamais. Ce fut ma première expérience de conducteur de chiens et je ne prétends pas en avoir été fier. »

une écurie pour les chevaux, un parc pour les chiens, en haut d'une rivière, en face des montagnes...

Les mois de novembre et décembre passent comme des flèches. Janvier est tout occupé à la préparation de la course avec des grandes balades de plus de quatre-vingts kilomètres alternées avec au moins quarante-huit heures de repos afin que les chiens ne perdent surtout pas de poids. Au contraire, les miens doivent en regagner un peu.

Le conditionnement et la préparation de la nourriture et du matériel expédiés aux six check-points de la course demandent au moins dix jours, à deux. Frank surveille l'élève et il ne se passe pas une journée sans que j'aille lui

La préparation de la nourriture et du matériel expédiés dans les check-points de la course.

Jérôme prépare des portions de bœuf qui seront ajoutées à la nourriture déshydratée.

demander combien d'ampoules halogènes de rechange prévoir, à quelle étape envoyer des lisses, où fabriquer un réchaud comme le sien, quel est le pourcentage de glycérine à mélanger avec l'Algyval pour éviter qu'il ne gèle...

Parfois, nous partons nous entraîner de nuit et Frank me donne tous ses petits trucs.

De par sa gentillesse naturelle, il fait partie de ces gens qui aiment enseigner et le font bien. C'est une chance inestimable de me préparer auprès d'un tel champion.

– Tu vas faire une belle course, me répète-t-il. Pour essayer de me mettre en confiance car il me sent de plus en plus stressé au fur et à mesure que le jour J approche.

Un soir de pleine lune, nous partons pour un aller-retour de cent cinquante kilomètres sur une piste assez éloignée de notre base, régulièrement entretenue par des Indiens qui trappent les castors dans les nombreux lacs de ce féerique territoire vallonné. Frank attelle dix-sept chiens. Il compte sur cet entraînement pour se décider sur les trois qui ne feront pas partie de son attelage pour la course. Avec ses deux handlers, il entraînait jusqu'ici trois attelages puis deux, et enfin un seul pour la Quest, environ dix-huit. Avec un chenil de plus de soixante-dix chiens, le travail

Des chenils ▲ *de plus de 100 chiens pour sélectionner les 14 meilleurs.*

Un attelage de Frank Turner à l'entraînement avec l'un de ses « handlers ».

Pages suivantes : ▶
Jérôme construit un traîneau d'entraînement.

▲ *Les vétérinaires contrôlent régulièrement les chiens depuis le début de l'hiver.*

est colossal. Comme la plupart des mushers, il utilise un ordinateur et dispose de plusieurs personnes pour préparer et soigner les chiens. Cela est devenu quasi indispensable. Au retour des entraînements, tout est comptabilisé : le nombre de kilomètres effectués ainsi qu'une foule de détails concernant le comportement, la forme physique, les problèmes éventuels de chacun des chiens. À la fin du mois, un tableau synthétique analyse toutes ces informations et dégage les défauts et les qualités de chaque chien.

– Sali : deux cent quatre-vingts kilomètres, trois tendinites à la patte avant gauche, fente au coussinet arrière gauche, excellent grimpeur, meilleur en tête que derrière, tendance à relâcher sur les étapes longues et sans relief, n'aime pas l'eau...

À la lecture de ce tableau, le musher élimine des chiens au fur et à mesure afin d'obtenir au plus vite un seul attelage d'environ dix-huit champions entraînés plus particulièrement pour la course. Dix-huit chiens car il peut toujours y avoir des accidents de dernière minute. La plupart des concurrents en chargent plus de quatorze dans le camion qui les mènera vers les grilles de départ. Même au dernier moment, un chien peut se blesser, être refusé par un vétérinaire pour un léger souffle au cœur... Et il n'est pas question de partir avec moins de chiens que les autres.

Pendant ce temps-là, les autres attelages s'exercent pour la saison prochaine, surtout les chiots. Les mauvais chiens qui ont le plus de chance sont vendus ou donnés...

Cette année, Frank fait courir deux attelages sur la Quest, le sien et un attelage de jeunes chiens qu'il a confié à un ami musher.

– Ils connaîtront la course, et grâce aux renseignements recueillis, je saurai précisément lesquels prendre, explique Frank.

Un vrai métier. Certains mushers, propriétaires de cent cinquante chiens, ne les appellent plus que par leur numéro ; sauf pendant les courses on leur donne un nom, car c'est obligatoire et vis-à-vis des médias, c'est mieux...

Heureusement, Frank n'est pas comme cela. Mais les Frank se font de plus en plus rares sur les grandes courses de professionnels.

Leonhard Seppala et Balto

Considéré comme le plus grand conducteur de chiens de traîneau de tous les temps, Seppala s'est éteint à l'âge de 89 ans en ayant parcouru plus de quatre cent mille kilomètres en traîneau.
Outre ses trois victoires consécutives dans le All Alaska Sweepstakes, il a aussi remporté le Ruby Derby et bien d'autres épreuves qui l'ont toutes auréolé de gloire. Mais son exploit le plus connu, devenu légendaire jusqu'au bout du monde, reste celui qu'il a réalisé en 1925. C'est l'origine de l'Iditarod, qui est avec la Yukon Quest, la plus célèbre des courses de traîneaux dans le monde.
Une épidémie de diphtérie menace Nome et le sérum est bloqué à mille kilomètres de là, à Nenana. On envoie Seppala chercher le sérum avec ses chiens.
Malgré des blizzards, des froids extrêmes, des conditions de glace et de neige épouvantables, il ramena le sérum à Nome, ovationné par le monde entier.
Balto, son chien de tête, est devenu immortel et possède une statue dans Central Park.
Un film extraordinaire produit par Steven Spielberg, « Balto », lui rend hommage.
Seppala, dépassé par un déchaînement médiatique qu'il ne maîtrisait pas du tout, n'eut pas le temps d'expliquer que le vrai héros de cette histoire était Togo et non Balto !

Torok, Nanook

Un hiver
CHAPITRE 7

Carmack et les autres

Les spectateurs postés sur la route surplombant le Yukon se marrent. Le départ a été donné il n'y a qu'un quart d'heure, et déjà un attelage s'arrête à l'ombre des grands pins pour se reposer. À quatre kilomètres du départ ! Or, il y a plus de mille six cents kilomètres à parcourir en moins de quinze jours. Comme les attelages sont frais, la plupart des mushers parcouront au moins soixante à cent kilomètres avant leur première halte. Les spectateurs s'amusent mais ne sont pas étonnés. Chaque année, environ 40 % des attelages, voire plus, abandonnent avant la fin, et il y en a toujours qui n'arrivent même pas au premier check-point. L'année dernière un musher a fait quatre-vingt-cinq mètres : au premier virage, le traîneau s'est fracassé contre un mur ! Un second, malade, s'est arrêté au bout de deux heures.

Cette année, c'est le Français et ses gros chiens esquimaux qui abandonne le premier. Cela n'étonne personne. Bien au contraire, tout le monde ou presque m'accordait à peine une chance sur dix d'arriver ne serait-ce qu'à mi-parcours.

La Yukon Quest est une suite d'erreurs à ne pas faire et le gagnant est celui qui en fait le moins.

En continuant, j'aurais dès la première demi-heure fait une grosse erreur. Par contre, les vingt-sept autres concurrents n'en font pas en poursuivant. Les alaskans, d'un poids moyen de vingt-cinq kilos (contre quarante pour les miens) et surtout à la fourrure deux à trois fois moins épaisse, ne souffrent pas vraiment de la « chaleur ». Or il fait – 12°C à l'ombre et donc plus de 0°C en plein soleil.

C'est l'Afrique !

Pages suivantes :
La meute au complet. De gauche à droite : Voulk, Nanook, Outku, Kurvik, Torok, Oukiok, Carmack, Amarok, caché derrière lui Oumiak, et Baïkal.

À cela s'ajoutent le stress du départ et le fait que plus de trois cents chiens filent sur la piste, créant une émulation à laquelle ma meute est très sensible. Les laisser engager la poursuite par cette température aurait été une erreur que j'aurais payée très cher. Ils vont plutôt se reposer une bonne demi-heure à l'ombre, afin que leur rythme cardiaque redescende et surtout que l'envie qu'ils ont de suivre les autres passe.

Il est 14 h 30 et le soleil ne se couche que vers 16 h 30. D'ici là, je veux aller le plus lentement possible pour économiser leurs forces afin d'avancer le plus possible durant la nuit. Le ciel est clair et la météo annonce – 30°C. Impeccable.

Voulk

Mes gros chiens plongent leur tête dans la neige pour se rafraîchir. Nanook est un spécialiste ; même en avançant, il arrive en un léger écart bien calculé, à avancer tel un socle de charrue. Chaque fois qu'il réalise cette prouesse, j'ai peur qu'en traversant comme un sous-marin il percute une souche d'arbre ou un caillou dissimulé sous la neige ! Mais, ce n'est encore jamais arrivé. Sacré Nanook ! J'aime beaucoup ce chien issu de la première portée, très joyeux, vaillant, « bien dans sa fourrure ».

Carmack

Je l'ai placé à côté d'Oukiok, le chien aux yeux dorés, véritable peluche qui n'est jamais véritablement sorti de l'enfance. Un joueur, sympathique, très courageux, bosseur malgré une constitution physique qui ne le place pas parmi les meilleurs.

Torok, lui, on ne l'appelle que le « gros Torok ». Un chien magnifique, à la fourrure fauve qui peut arracher à lui tout seul un traîneau de deux cents kilos coincé dans la neige mais aussi trotter à vive allure pendant douze heures sans se fatiguer. Un chien sur lequel on peut compter en cas de coup dur.

Oumiak

Lorsque nous avions traversé les montagnes Rocheuses avec Diane et Montaine, il nous a vraiment plusieurs fois bluffé, le gros Torok. Toujours en cas de difficulté : traîneau bloqué dans le pack ou une sale montée. Malgré l'effort de toute la meute, le traîneau ne bougeait pas. La technique consiste alors à tirer le trait en arrière pour le détendre un peu afin d'obtenir environ trente centimètres de mou. Si bien qu'en donnant l'ordre aux chiens d'avancer, ils s'élancent sans rencontrer de résistance. Lorsque la corde se tend, la force exercée est bien plus importante. Malgré cela, parfois il n'y a rien à faire. Il faut décharger le traîneau pour le sortir, d'autant plus qu'après deux ou trois essais les chiens se lassent. Sauf Torok. Au contraire, lorsque ça résiste, ça l'énerve, le gros Torok. Il se retourne l'air de dire :

– Allez, ça commence à bien faire. Encore un coup !

À ce moment-là, nous savons bien que Torok va vraiment « envoyer les chevaux » car en plus du mou que je récupère, lui aussi recule pour détendre son trait.

– Allez les chiens !

Torok plonge dans son harnais en grognant. Les autres sentent qu'on y est presque et tirent eux aussi un peu plus fort. Neuf fois sur dix, lorsque Torok se met en colère, le traîneau décolle.

Il n'est pas bagarreur pour un sou comme beaucoup de gros gabarits qui n'ont pas besoin de se fâcher pour se faire respecter. Des défauts ? Je ne lui en trouve aucun : Torok est un chien fabuleux.

▲ *Torok*

Tout comme Baïkal son frère de lait. Baïkal est devenu chef de meute depuis la disparition d'Otchum qu'il a organisée et à laquelle il a participé. Dire que je lui en veux serait faux. Comment reprocher à un chien de meute de se comporter en chien de meute ? Mais comment aussi ne pas y penser ?

▲ *Baïkal*

Baïkal est un remarquable trotteur, il n'a qu'un tout petit défaut : une légère tendance à perdre le « will to go » sur de très longues distances. Mais c'est vraiment rechercher la « petite bête ».

Voulk est mon meilleur chien de tête. Il devient très fin. Je ne le trouve pas très beau : sa tête est trop allongée.

C'est un bon travailleur, mais il peut « péter les plombs » un peu facilement. Avec l'âge, ce défaut tend à disparaître mais il nous a souvent effrayés. Voulk aurait pu nous tuer tous les trois dans le Yukon. Un matin il a entraîné derrière lui toute la meute pour courir après un loup qui se dirigeait vers une chute d'eau qui n'avait pas gelé. Il faisait – 45°C ce jour-là. Pas moyen de freiner sur la glace. J'avais hurlé à Diane de sauter du traîneau avec Montaine. J'étais resté car ce que contenait le traîneau était notre seule chance de survie par un froid pareil et, une fois de plus, c'est Otchum qui nous avait sauvé la vie in extremis ! L'exploit était d'autant plus incroyable qu'il n'était pas en tête ce jour-là ; il a réussi à imposer sa décision en s'écartant de toutes ses forces du trait, emportant les deux chiens, dont Voulk placé devant lui. Otchum était irremplaçable. Mais Voulk progresse de jour en jour. Il est à 15 sur 20, presque une mention très bien. Encore un effort, Voulk !

Amarok est un ressuscité. À huit mois, il a attrapé une maladie. Le vétérinaire lui donnait une chance sur dix de survivre. Il s'en est sorti mais a gardé quelques séquelles. C'est un excellent tireur, hardi, un peu bagarreur même s'il ne fait pas vraiment le poids. Comme chez les hommes, les petits gabarits sont souvent agressifs. Je sais qu'il n'ira pas au bout de la course, car il se fatigue plus vite que les autres, surtout lorsque le rythme est soutenu mais il est très, très courageux.

Ouktu, super-chien de deux ans, est le frère de lait de Kurvik. Beau, fort, courageux, encore un an ou deux et il sera le premier de la classe.

Kurvik est un peu timide, agressif, voire légèrement con parfois, mais c'est un trotteur formidable. Il est dans le top 6 pour la course.

Carmack est le portrait d'Otchum, avec un peu moins d'intelligence dans le regard. C'est le plus beau. Il est remarquablement bien charpenté. Un modèle. Il commence à bien se débrouiller en tête. C'est un chien indispensable. Mais il n'est pas là. Il est resté à la maison avec la seule chienne de la meute : Oumiak.

Une semaine avant le départ, Nanook s'est détaché en pleine nuit et bagarré avec Carmack pour une histoire de bouffe. Nanook lui a attrapé la patte avant et entaillé le coussinet sur toute la longueur.

Il n'a pas pu cicatriser à temps malgré nos efforts et surtout ceux de Windy, la vétérinaire en chef de la Quest.

Gros coup dur. Carmack, c'était un peu d'Otchum qui allait faire cette course.

Était-ce écrit ?

Second coup dur, Oumiak. Elle non plus n'est pas là. Les vétérinaires lui ont trouvé un léger souffle au cœur. Oumiak est un cas. C'est la plus sauvage des chiennes de traîneau que je connaisse. Elle l'est toujours restée. Elle refuse le contact avec les hommes, n'aime que la meute et son « travail ». Elle est douée d'une rare intelligence et en tête rivalise avec Voulk. Bien qu'elle soit petite, je n'aurais pas été étonné qu'elle aille jusqu'à la fin car elle est très courageuse. Oumiak est tellement différente que j'ai fini par l'apprécier.

Deux chiens en moins.

Il ne me restait donc plus que huit chiens, contre quatorze pour 90 % des concurrents qui les sélectionnent parmi cinquante, cent, ou cent cinquante ! Une raison de plus pour me donner une chance sur dix de n'arriver qu'au milieu de la course !

Avec la meute, Jérôme a entraîné ses deux meilleurs chiens : Pawnee et Gao, deux frères de lait groenlandais qui ne peuvent travailler séparément. Ce sont deux très bons chiens, en pleine force de l'âge mais qui éprouvent un peu de difficulté à suivre le rythme de mes « champions ».

Je décide pourtant de les prendre ; tout en ne risquant pas grand-chose puisqu'il existe une dizaine d'endroits dont six check-points où l'on peut « dropper » des chiens. Ces endroits s'appellent des « dog drop ».

Alain les a souvent utilisés au cours de ces randonnées et me répète régulièrement qu'ils vont m'étonner.

Avec eux, c'est un peu comme si Jérôme était sur la piste.

Dix chiens donc auxquels nous ajoutons Taïga, la chienne de tête de Jérôme.

– Prends-la pour le début. Elle t'aidera toujours un peu. Elle est courageuse.

Voilà l'attelage : onze chiens mais seulement sept susceptibles d'aller au bout contre quatorze pour l'essentiel des concurrents. Assis sur mon traîneau, après les avoir observés un à un en m'énumérant toutes leurs qualités je nous sens plus forts. Après cette petite pose, nous repartons tranquillement au trot jusqu'au pont où une cinquantaine de personnes ont eu la patience d'attendre le dernier. Le « petit Français » bien sûr. J'aperçois Montaine et derrière elle, Diane.

– C'est lui !

Je m'arrête. Les spectateurs rient encore. Je suis le seul à faire halte là. Tous les autres sont passés au grand galop. J'arrive au petit trot et en plus je m'attarde ! Je ne suis pas pressé. Pendant que les chiens soufflent, j'embrasse Montaine et Diane. Puis nous repartons.

Une demi-heure plus tard, je m'arrête encore une heure, nourris mes chiens et leur donne de l'eau mélangée à du jus de viande. La nourriture que l'on donne en dehors des arrêts de longue durée s'appelle un « snack ». Des ingénieurs de Pedigree Pal m'en ont fabriqué des formidables, très énergétiques et surtout directement assimilables par l'organisme. En plus des « Pal », j'ai prévu des tranches de saumon (riches en eau donc excellentes pour la réhydratation), du foie de veau (plein de vitamines) et quelques différentes gâteries car les chiens aiment la diversité et le souci numéro un en course est de leur faire plaisir.

L'heure passe vite, je les caresse les uns après les autres en leur parlant. Ils adorent ça. Nanook, Oukiok et Voulk me montrent leur ventre pour que je leur gratte la poitrine. Torok plonge sa tête sous mon aisselle comme pour me retenir. Nous sommes seuls sur le Yukon et on se sent bien.

Le soleil disparaît derrière une montagne et aussitôt le froid descend. Une heure plus tard, il fait déjà – 25°C. Dans le ciel, les étoiles s'allument une à une. C'est notre heure.

– Maintenant, à nous de jouer !

Cette fois-ci, nous partons pour de bon. Je les laisse conserver le galop pendant une heure, puis prendre leur trot. Celui qu'ils sont capables de tenir pendant longtemps, malgré ce que tout le monde pense.

Deux heures plus tard, nous avons déjà rattrapé deux concurrents qui sont partis trop vite...

Tout va bien.

Quelques kilomètres après le départ, les onze chiens au galop, Voulk et Nanook en tête.

Mushing de nuit

Braeburn n'est pas un village, ni même un hameau. Ce n'est qu'un « dog drop » installé dans un motel-restaurant-station essence au bord de l'Alaskan Higway que la Quest coupe à cet endroit.

Dans un « check-point » – il y en a six sur la totalité du parcours – le musher a la possibilité d'y dropper des chiens. Les vétérinaires, qui effectuent des contrôles obligatoires peuvent aussi le décider, même si ce n'est pas l'avis du musher.

À Braeburn, les contrôles sont facultatifs, par contre le musher s'il le désire peut demander l'aide d'un vétérinaire. Ceux qui s'arrêtent obtiennent de l'eau pour les chiens, peuvent acheter de la nourriture dans le restaurant et disposent d'une pièce chauffée pour dormir.

La Yukon est une course qui se déroule à 75 % de nuit. La conduite est très fatigante car il faut rester concentré.

Comme tous les concurrents, je compte m'y arrêter car ne pas fabriquer de l'eau, ni préparer sa nourriture permet de gagner du temps. Comme cent soixante kilomètres séparent le départ de Braeburn, pas question d'y aller d'une seule traite. Les chiens pourraient le faire mais sur les courses de très longue distance la devise est « Qui veut aller loin ménage sa monture ». Or, l'arrivée est à plus de mille six cents kilomètres. Mille sept cent cinquante exactement car cette année le parcours a été un peu rallongé.

La nuit est belle, très étoilée dans un ciel noir sans lune, avec de magnifiques aurores boréales qui s'enroulent et se déroulent telles d'immenses écharpes lumineuses vertes et jaunes. Mais la piste ne laisse que peu de temps pour la contemplation. Le parcours est assez technique avec une alternance de virages serrés dans les forêts, de dévers en montagne, de pentes plus ou moins abruptes, d'obstacles de toutes sortes apparaissant dans le faisceau de la lampe frontale toujours un peu trop tard pour être sereinement évalués et correctement négociés. La conduite de nuit est très fatigante. Par contre, les chiens aiment ça. Sans doute parce que leurs ancêtres les loups sont des voyageurs nocturnes. Il est prouvé qu'un chien de traîneau avance plus vite de nuit que de jour, même à température égale.

À – 30°C, cette nuit ils avalent les kilomètres avec plaisir. Nous trottons depuis six heures sans arrêt et avons déjà doublé neuf attelages qui se reposaient au bord de la piste et deux autres dans une côte gravie par mes chiens sans même ralentir. Ces deux dépassements m'ont comblé de joie.

Il est une heure du matin et j'ai rendez-vous sur un lac situé à une quinzaine de kilomètres d'ici.

Si je n'avais pas eu cet impératif, je me serais arrêté car je tiens à économiser mes chiens. Hors de question de rejoindre la tête de la course maintenant. Plus tard, beaucoup plus tard, lorsque les autres attelages auront droppé des chiens si mes chiens sont encore en forme et que la température m'aide, je tenterai de remonter. Mais à – 30°C, je ne suis pas compétitif. Je ne dois pas céder à la tentation d'avancer trop vite.

Ce rendez-vous est médiatique. Comme chacun sait, participer à une course comme celle-ci coûte cher, surtout pour un Français. Il m'a donc fallu, en plus de l'entraînement des chiens, bâtir un projet de financement. Heureusement, j'ai maintenant de bons et sérieux contacts avec des sociétés, médias et autres, souvent devenus des amis avec lesquels je travaille bien : Air Canada m'offre les voyages et organise celui des chiens, Pedigree Pal m'aide financièrement et leurs ingénieurs mettent au point une nourriture ultra-performante, des médias tels Paris Match, Radio France, la télévision couvrent l'événement.

Déposés par hélico, un cameraman du journal de vingt heures de TF1 (envoyé là grâce à PPDA), un photographe de Paris Match et une équipe chargée de réaliser un film pour France 3 m'attendent. Ils sont censés allumer un feu afin que je puisse me diriger vers eux. L'organisation de la Quest leur a donné cette autorisation à condition qu'ils s'écartent un peu de la piste pour ne pas gêner les autres concurrents.

Alain, chargé de la logistique, est à l'origine de ce premier contact. Il est censé les récupérer en motoneige vers deux heures du matin. Réaliser des images de nuit (les deux tiers de la course se déroulent ainsi) n'était possible qu'ici, puisque nous avons pu nous fixer un rendez-vous à une heure « à peu près précise », dans un endroit « à peu près accessible » autant pour l'hélico que pour la motoneige. Plus tard, cela aurait été trop compliqué.

Sur le papier, c'était du gâteau ou presque : dès les images prises, l'équipe menée par Marie-Laure Bonnemain foncerait à Whitehorse où elle avait réservé du montage et un envoi par satellite. Le soir, le journal diffuserait le sujet. Qui aurait pu prévoir que le pilote se tromperait de piste et déposerait l'équipe à vingt kilomètres de la bonne « trail » ?

Personne, sauf Totoche qui l'avait prédit !

Toujours est-il que les trois compères trouvent inquiétant qu'à deux heures du matin, ils n'aient pas encore vu la queue d'un chien !

Pendant ce temps-là, Alain me dépasse en motoneige. Je m'arrête pour échanger quelques mots.

– Comment ça va ?

– Impeccable !

– Le lac est encore loin ?

– J'espère pas. Je veux bientôt m'arrêter.

– Je rejoins les autres et t'attends là-bas.

– OK, ça roule !

Une heure plus tard, je dépasse le lac. Personne ! Je râle mais décide de continuer jusqu'au prochain lac à six kilomètres. J'ai maintenant dépassé près de quinze attelages. Lorsque j'arrive au second lac, Alain m'attend, furieux. Malgré la gangue de glace qui lui cache le visage et lui donne une sacrée gueule, Alain n'est pas d'humeur à rigoler.

– Ils sont pas là ces cons !

– C'était pas compliqué pourtant !

Je stoppe le traîneau le long de la rive. Trois ou quatre mushers se sont aussi arrêtés là. J'aperçois dans la nuit leurs mouvements trahis par le faisceau de leur lampe frontale.

J'allume un feu, fabrique de l'eau, m'occupe des chiens pendant qu'Alain effectue un aller-retour jusqu'au bout du lac pour voir s'ils ne sont pas là-bas. Il rentre une heure plus tard, seul.

– Dans quel sens je vais, moi, maintenant ?

Une phrase comme ça et le ton avec lequel elle a été prononcée ne s'oublient pas. Nous éclatons de rire. Ça nous fait du bien.

– Nous sommes à mi-parcours, t'as intérêt à continuer jusqu'à Braeburn. Ils sont forcément devant.

– Ça m'étonnerait ! Et si je les trouve pas ?

– À Braeburn, il faudra téléphoner à l'hélico, à la RCMP, je sais pas, moi...

– Bon ! On verra bien...

Alain, qui aime à peu près autant la motoneige que moi, refait son plein d'essence.

– Heureusement que j'avais prévu large !

Quelques minutes plus tard, le bruit de son moteur est absorbé par la nuit redevenue silencieuse, magique. Je me réchauffe un plat congelé, préparé à l'avance par Diane : des pâtes à la carbonara. Un délice ! Ensuite, je masse Baïkal, Pawnee et Nanook dont les tendons semblent un peu douloureux. Une fois l'Algyval absorbé, j'enrobe le bas de leurs pattes dans un tube de néoprène pour garder le muscle au chaud. Puis inspection générale. Il me faudra mettre des bottines à quelques chiens de façon préventive et à Nanook jusqu'à ce que sa légère coupure à l'arrière du coussinet cicatrise.

▲ *Arrivés à Braeburn, les chiens sont en pleine forme.*

Je m'allonge une demi-heure, sans dormir, puis repars. Je voudrais être à Braeburn avant midi pour laisser reposer les chiens durant les heures chaudes et m'en aller de nuit. Je suivrai cette politique jusqu'à ce que le thermomètre flirte avec les – 40°C.

Nous connaissons bien la piste d'ici à Braeburn. Un mois plus tôt, nous avions effectué une course de qualification à – 60°C. Mes chiens avaient apprécié et j'étais arrivé à mi-parcours (cent soixante kilomètres) en pleine forme malgré une nuit passée à ces températures extrêmes. Par contre, les alaskans des autres concurrents n'avaient pas du tout aimé. Malgré les manteaux que les mushers leur avaient mis, les bottines dont ils étaient tous chaussés, les protège-pénis, et protège-tout, les vétérinaires avaient insisté pour que les organisateurs arrêtent la course. Trop de dégâts !

Si un coup de froid pareil survient sur la Quest et c'est

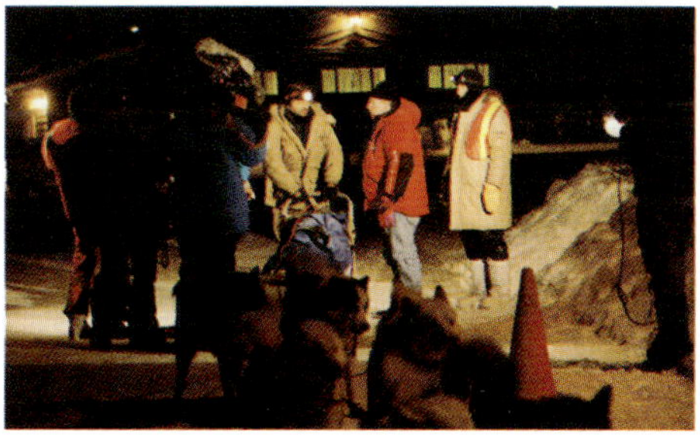

À chaque check-point, il faut aller signaler son heure de départ et d'arrivée, ainsi que le nombre de chiens.

Les médias en profitent pour réaliser leurs reportages.

Les soins aux pattes : 10 minutes par chien à chaque arrêt et des bottines pour agir de façon préventive contre l'abrasion de la neige sous les coussinets.

ce que j'attends, nous aurons toutes les chances de remonter vers le peloton de tête...

Or, il est rare que sur une Quest, à un moment ou à un autre, le thermomètre ne sombre pas vers les abîmes glacials. Il suffit de consulter les archives.

Nous attendrons notre heure. Ma stratégie de course est simple et ce n'est un secret pour personne. Je l'ai dit, écrit et redit avant de partir : mon but est d'arriver à ce moment-là, avec des chiens en forme qui auront de la réserve afin de pouvoir profiter de mon avantage, quitte à rester au fond du classement jusque-là.

En arrivant à Braeburn, comme prévu vers midi avec mes onze chiens en pleine forme, en 21e position, je suis stupéfait de constater le nombre d'erreurs que certains mushers ont déjà accumulées. Celui doublé avant d'arriver porte déjà trois chiens dans son traîneau. Pourquoi ne s'est-il pas arrêté à temps et plus longtemps ? Si ses chiens sont fatigués, pourquoi les pousser dès le début ? Je ne reverrai jamais ce musher.

Un Finlandais a réalisé l'étape en quinze heures ; il a voulu briller dès le début. Il fait la une de tous les journaux mais arrivera avant-dernier à l'étape suivante...

Frank et cinq autres mushers, de grands professionnels parmi lesquels figure sûrement le vainqueur, sont arrivés au petit matin à Braeburn pour repartir après cinq à sept heures de repos vers Carmack, le premier check-point.

Je soigne mes chiens avant d'aller voir mes copains, retenus derrière des barrières. À peine arrivé, il faut s'organiser pour laisser le plus de repos possible aux chiens, c'est-à-dire effectuer la distribution de nourriture et les soins le plus vite possible. Récupérer est primordial.

En soignant les pattes, j'aperçois Éric, le cameraman de TF1. On les a donc retrouvés.

J'apprendrai un peu plus tard l'histoire : après avoir survolé et filmé quelques attelages, l'hélicoptère les a déposés à une trentaine de kilomètres plus loin au bord de la piste.

Après avoir allumé un feu, car il faisait près de – 30°C, ils ont attendu les premiers attelages pour les filmer. Je les avais prévenus que j'arriverais sans doute dans les derniers, vers minuit.

Vers onze heures du soir, ils commençaient à s'inquiéter de n'avoir toujours pas vu un seul musher. À deux heures du matin, seuls et frigorifiés, ils s'étaient fait une raison. Le pilote les avait laissés au bord d'une mauvaise piste ! Les secours, alertés par Alain vers six heures du matin, les avaient retrouvés au lever du jour.

L'histoire concurrence dans les médias canadiens, celle du Finlandais arrivé premier à Braeburn.

Je recharge les batteries en mangeant, mais surtout en discutant avec Diane et toute l'équipe française constituée de journalistes (amis pour la plupart), et de quatre copains, Malto, Jean-Marc, et deux équipiers d'expédition en Alaska et Sibérie : Jean-Christophe et le fameux Totoche. Ce dernier exulte car il avait dit et répété que ce rendez-vous nocturne entre un hélico, une motoneige et un musher ne fonctionnerait pas. Force est de constater qu'il avait raison.

Bien que je ne sois pas vraiment fatigué, et très tenté de rester dans le restaurant avec toute l'équipe, je retourne auprès de mes chiens dormir une heure avant de repartir. Le temps passe tellement vite quand on s'arrête ! Je ne l'avais pas prévu. Je dois m'organiser pour travailler beaucoup plus rapidement afin de pouvoir me reposer au moins deux heures par vingt-quatre heures. Frank m'avait pourtant prévenu : le plus difficile n'est pas de dormir mais d'en trouver le temps !

Que je dorme dehors auprès de mes chiens, alors que tous les autres mushers profitent de la chaleur si rarement offerte, a beaucoup étonné les officiels, médias et autres spectateurs. Par – 50°, je suis comme tout le monde, je préfère dormir au chaud à l'intérieur. Mais par – 20°C, je préfère être dehors, tranquille dans mon coin, un œil sur mes chiens toujours susceptibles de se bagarrer pour une broutille. L'épisode Carmack m'a rendu prudent.

Je m'allonge donc dans mon sac de couchage auprès de mon attelage mais ne parvient pas à fermer l'œil. Je suis bien trop excité par ces premières vingt-quatre heures de course, et surtout parce que je me trouve en bien meilleure position que je ne l'imaginais, malgré des conditions météo qui me défavorisent. Trois quarts d'heure plus tard, je suis debout pour préparer l'étape suivante : snack, bottines, carte et frontale.

La nuit tombe. L'un des mushers arrivé bien avant moi n'est pas encore reparti. Ses chiens sont trop fatigués. Je repars donc en 20e position. Mais je me force à ne pas y porter la moindre attention.

Ce qui compte, c'est la forme des chiens. Arrêter bien avant qu'ils ne « lèvent le pied » afin de conserver toujours une réserve d'énergie, dont ils auront besoin pour aller au bout, plus celle que nous mettons de côté pour accélérer quand les conditions nous le permettront.

Pour l'instant, je ne veux regarder ce qui se passe autour de moi qu'en spectateur.

Deux heures après avoir quitté Braeburn, je suis étonné de voir au loin un musher au bord d'un feu. Tout le monde a pris au moins quatre heures de repos à Braeburn. C'est anormal de s'arrêter si tôt. Je le dépasse. Il dort dans son sac de couchage, allongé sur son traîneau. C'est le Finlandais ! J'apprendrai plus tard qu'il est resté là près de vingt-quatre heures !

Totoche l'avait bien dit : « Qui commence comme un lion, finit comme un con. »

Le Finlandais est bien parti pour ne pas finir du tout.

Je ne peux pas m'empêcher de penser que nous sommes 19e !

Mes chiens trottent à vive allure, galopant sur de courtes distances lorsqu'un effluve de gibier vient leur chatouiller les narines. Lièvre, élan, lynx ou lagopède ?

Ils sont heureux de courir sur une piste qu'ils ne connaissent pas et ce plaisir est partagé.

Dans le traîneau, l'organisation doit être toujours parfaite pour gagner du temps.

À l'arrêt : nourrir, soigner, réparer et enfin, si possible, se reposer.

Tout va bien, et je me détends progressivement mais reste très concentré, tout à la conduite du traîneau, parfois difficile entre les arbres ou dans les pentes.

Il ne suffit pas d'avoir des chiens en forme pour continuer une course, encore faut-il avoir un traîneau. Chaque année, un ou deux abandons ont pour cause un accident de traîneau, brisé dans un arbre ou au fond d'un trou mal négocié. On compte aussi deux ou trois abandons par an, dus au musher, gelé, membre cassé, malade ou épuisé. Sinon, ce sont les chiens : quand ils refusent de continuer, on ne peut pas les forcer longtemps. C'est pour cette raison qu'il est si important de conserver le « will to go ». Ça tombe bien. Mes chiens en ont à revendre.

Lorsque je m'arrête vers deux heures du matin, je sens qu'ils en auraient bien fait un peu plus. On se repose quand même.

Maintenant, le programme est presque routinier :

1. Installer les chiens au câble.
2. Fabriquer de l'eau et pendant qu'elle chauffe, vérifier les tendons, masser et poser les néoprènes.
3. Couper la viande à la hache en petits morceaux, la mettre à dégeler dans l'eau chaude puis y verser les granulés Pal.
4. Nourrir.

5. Vérifier et graisser les coussinets.

6. Nourrir le bonhomme.

7. Contrôler le traîneau, revisser le frein, éventuellement réparer une ligature ou recoudre un harnais, remplacer une vis ou un boulon...

8. Préparer l'étape suivante : changer la pile de la frontale, visualiser l'itinéraire sur la carte, préparer les snacks des chiens et les miens, remplir le thermos avec du bouillon.

9. Dormir une demi-heure à deux heures, mais toujours au moins une demi-heure.

Après deux jours sans sommeil, le visage commence à se creuser.

Pendant que je fais tout cela, trois attelages me dépassent. Je constate que des alliances se forment déjà entre mushers qui se déplacent à peu près à la même vitesse et au même rythme. Lorsque je m'apprête à repartir après m'être reposé une heure – les chiens cinq heures – deux autres mushers me doublent. Ils s'arrêtent à ma hauteur pour discuter. Du moins, est-ce naïvement ce que je pense. En fait, ils veulent savoir quand sont passés les trois autres qu'ils espèrent rattraper pour tenter de repartir avec eux de Carmack. Puis, ils me demandent quand je démarre.

– Dans dix minutes.

C'est faux. Je décolle dans une heure mais j'ai senti qu'avec le feu aux fesses, ces deux-là allaient encore pousser un peu plus leurs chiens.

– Il faut attendre que les autres fassent des erreurs et éventuellement les provoquer, m'avait dit Frank, mon professeur.

Voilà que je me pique au jeu. Ça m'amuse de les voir disparaître tambour battant ces deux-là.

Vers six heures du matin, je lève l'ancre.

– Allez les chiens, c'est reparti !

Nous démarrons au quart de tour telle une belle mécanique, comme un gros 4 x 4 bien huilé lancé dans une course de formule 1.

Carmack

Vlan ! Cassé. Tout allait trop bien. Le guidon m'est violemment rentré dans le ventre et m'a coupé le souffle. Je tente de retrouver ma respiration en avalant de l'air à – 30°C par grandes bouffées. J'ai envie de vomir. Je ne veux pas aller voir les dégâts. Le bruit de bois cassé a été épouvantable, comme un bateau brisant sa coque sur un rocher. Plus de traîneau, plus de course. C'est foutu.

Sur 1700 kilomètres, les plats sont rares. L'essentiel de la course se joue dans les côtes.

Une seconde d'inattention. Une seconde. Juste une.

Gêné par de la glace s'épaississant dans mes cils, j'ai ôté mes gants et lâché le guidon pour enlever ce mélange de givre et de glace qui gênait ma vue. Pourquoi a-t-il fallu que cet arbre, l'un des plus durs à négocier sur les deux cent cinquante kilomètres que je viens de parcourir, se trouve justement là, au moment précis où je me mélangeai un peu les pinceaux ? Je vous le demande.

J'enrage !

Pourquoi ne me suis-je pas arrêté pour effectuer cette opération quasi chirurgicale. Maintenant mes yeux n'ont plus rien d'autre à faire que pleurer !

Parce qu'il est très mauvais de casser le rythme des chiens, on essaie de tout faire en marche, enlever la glace devant les yeux mais aussi se servir une tasse de bouillon ou pisser (à condition de prendre garde au vent !).

Satanée course !

Je me résigne tout de même à aller constater les dégâts. Incroyable ! C'est une souche d'arbre mort qui a cassé ! Le traîneau l'a écrasée après avoir percuté l'arbre. Le traîneau n'a rien.

Vers huit heures, c'est l'obscurité totale. Celle qui précède l'aube. Vivement la lumière car le paysage est ici féerique. Je le sais car nous y sommes passés avec Diane et Montaine, deux ans plus tôt. J'ai reconnu une place où nous nous étions arrêtés pour camper. Dans quelques heures, je dépasserai sans doute un autre de nos campements. Aujourd'hui, le rythme n'est pas le même. Toutes les vingt-quatre heures, nous effectuons de cent trente à cent soixante kilomètres ; cela nous prenait trois à quatre jours durant notre expédition ! Ce n'est pas le même plaisir. Les étoiles s'éteignent peu à peu et les formes massives et hautes des montagnes apparaissent vaguement dans le ciel clair, déjà rougeoyant à l'est. Une succession de lacs, plus ou moins grands, tous magnifiques, reliés les uns aux autres par des pistes tortueuses mais bien aménagées servent de repères pour calculer sa moyenne. Environ quatorze kilomètres/heure. À l'aube, j'ai doublé deux ou trois attelages qui s'apprêtaient à repartir, puis un autre qui donnait un snack aux chiens sur un lac.

Je ne sais plus très bien quelle est notre position et je m'en fous.

Je traverse une forêt épaisse à l'intérieur de laquelle la lumière ne pénètre pas. Je ne rêve pas ! Deux yeux sur la piste. Un élan !

En Alaska, deux mushers sur trois voyagent avec un revolver à la ceinture dans le cas d'une rencontre comme celle-ci. L'élan est extrêmement dangereux lorsqu'il se trouve sur une piste face à des chiens, car s'il s'écartait dans la neige profonde, ce serait aller contre son système de défense. Il peine avec ses grandes échasses de pattes, si bien qu'il utilise pour se déplacer d'un endroit à un autre, ses propres pistes, celles de ses congénères, celles tracées par d'autres espèces d'animal, ou par l'homme. Les loups, lorsqu'ils s'attaquent à un élan, le harcèlent pendant des jours cherchant à le faire sortir de ses traces pour l'épuiser et enfin l'agresser. Avec ses pattes avant terminées par des sabots extrêmement durs et tranchants, l'élan possède une arme capable de fracasser une demi-douzaine de têtes de loups en un rien de temps. S'il charge un attelage de chiens, c'est l'hécatombe. Chaque année, on déplore des accidents épouvantables. Ici cinq chiens, là neuf chiens voire douze avant que le musher ait réussi à l'abattre.

La hache est la seule arme dont je dispose.

– Merde.

Je pèse de tout mon poids sur le frein en essayant de la dégager, mais les chiens chargent.

Lorsque je relève la tête, la hache à la main, le traîneau s'arrête tout d'un coup. Sur la piste, plus un seul chien ! Ils sont tous rentrés dans les arbres en emmêlant traits et harnais. L'élan a disparu, sans aucun doute dans cette direction.

Décidément, j'ai du bol cette nuit.

Deux ans plus tôt, avec Diane et Montaine, nous avions eu la même frayeur et la même chance, en été, avec un grizzly. Il s'était dressé, surpris, alors que nous voyagions à cheval dans les aulnes. Nous pensions qu'il allait charger. Mais, après un laps de temps qui nous avait paru interminable, il avait fait demi-tour...

Nous sortons du bois et j'éteins ma lampe en arrivant sur un grand lac que la piste traverse en son centre. Un attelage de quatorze alaskans me rattrape et me double. Il doit avancer à environ un kilomètre/heure de plus que nous. Avec le groupe de tête, l'écart est sur le plat d'à peu près deux kilomètres/heure. En montée, je rivalise. Je suis même sans doute l'un des plus rapides avec mon gros 4 x 4 !

J'arrive vers dix heures au bord du Yukon baigné de lumière. La glace piège les rayons du soleil sur ses angles polis par le vent et les renvoie avec des couleurs d'arc-en-ciel. Nous alternons passages dans le bois et sur la rivière gelée.

Le soleil monte dans le ciel et j'arrive juste à temps à Carmack car le thermomètre remonte considérablement en milieu de journée. Il serait temps que le froid montre le bout de son nez. Je m'occupe de mes chiens. Ils sont en grande forme malgré quelques légères tendinites sans gravité, puis je vais consulter le tableau où sont affichés les places, les temps, le nombre de chiens « droppés » et autres renseignements.

Je suis 19e. Frank 6e avec une dizaine d'heures d'avance sur moi. Frank ne lâche pas d'une semelle le peloton de tête à l'intérieur duquel figurent ses principaux concurrents prétendant au titre suprême : John Schandelmeier, vainqueur l'année dernière, Rick Mackey, vainqueur de l'Iditarod et second l'année dernière et Mark May, star de la Quest sur lequel beaucoup de parieurs ont misé. Je constate que pas mal d'attelages ont droppé des chiens. La moyenne est passée en une étape de quatorze à treize voire douze chiens par traîneau.

2 heures de sommeil par 24 heures en moyenne sur toute la course : la fatigue est l'ennemi numéro un du musher.

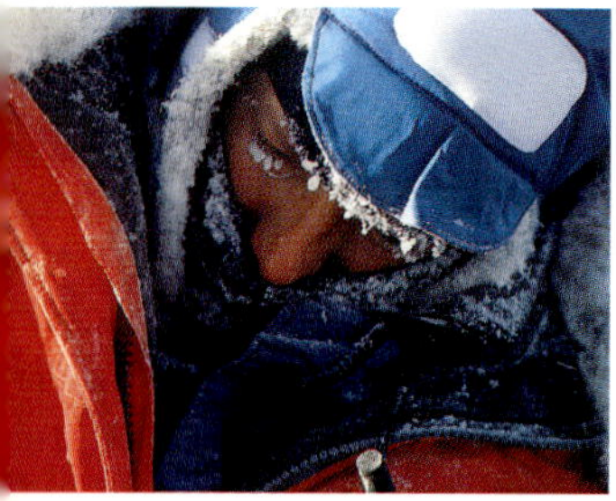

J'apprends qu'un premier musher a abandonné. C'est un Norvégien que j'aimais bien. Un virus aurait contaminé son attelage.

Comme le thermomètre n'entend pas descendre dans les prochaines vingt-quatre heures, je donne un repos de neuf heures à mes chiens afin de réaliser la nuit suivante une grosse étape, d'une seule traite jusqu'à McCabe, à quatre-vingt-dix kilomètres de Carmack. Tant pis pour les places que je vais perdre en repartant si tard.

Depuis trois jours, onze heures et très exactement quarante et une minutes que j'ai quitté Whitehorse, je n'ai réussi à dormir qu'environ trois heures. Je suis fatigué mais pas épuisé. Diane me trouve même très en forme par rapport à beaucoup d'autres arrivés ici comme des zombies !

Totoche jure qu'avec la pêche qu'on a « On va tous leur mettre la pâtée »...

Les quelques paroles échangées avec d'autres mushers, journalistes et officiels m'amusent. En dehors d'une ou deux réflexions sympas, les encouragements et félicitations généralement proférés sont d'une condescendance qui frise l'insolence. Je suis le seul qu'on félicite d'avoir atteint le check-point comme si la performance réalisée par mes chiens relevait plus du miracle que d'une réalité annoncée.

– Le Français avec ses chiens esquimaux est arrivé ! En voilà un miracle.

Attendez un peu. Dès que le thermomètre va chuter, nous allons vous montrer de quel bois on se chauffe !

Mais le bruit court que mes chiens vont « quand même » plutôt vite, sont en pleine forme et surtout que l'on s'économise au maximum en attendant le froid alors que la plupart des mushers pensaient que j'avais brûlé toutes mes batteries pour arriver dans les temps au premier check-point.

Les vétérinaires contrôlent très sérieusement chaque chien.

Impossible de dormir dans le coin de la vaste salle à manger mise à la disposition des mushers pour se reposer. Ça rentre, ça sort, ça parle et ça claque les portes. Les gamins de la cuisinière font un raffut de tous les diables et ça m'énerve car je dois dormir. De rage, je me lève et repars discuter avec les copains. Diane m'encourage à me recoucher mais c'est trop tard. Je mange, bois plus d'un litre de café et retourne près de mes chiens préparer l'étape suivante.

Les check-points sont les étapes où se trouvent les ravitaillements, préparés à l'avance et envoyés par l'organisation, dûment étiquetés et séparés. On peut y mettre tout ce qu'on veut, sans limitation, mais par contre il est formellement interdit, sous peine de pénalité puis de disqualification, d'obtenir quoi que ce soit de l'extérieur, en dehors bien entendu de la nourriture qu'offrent les check-points aux mushers.

En fait, une fois dans la course, on s'aperçoit qu'en dessous de table, pas mal de « choses » se font, le but de la manœuvre étant simplement de ne pas se faire voir, ni par un musher un peu « balance », ni par les nombreux juges et officiels qui n'ont pas toujours les yeux dans leurs poches.

Pages suivantes :
Des alliances se forment : ici, deux mushers juste après Carmack.

Toutes les deux heures, quelques minutes d'arrêt pour donner à boire, nourrir et vérifier chaque chien. Sans oublier de les féliciter avec beaucoup de caresses.

J'attelle, mets quelques bottines et caresse beaucoup.

Il est neuf heures avec la nuit devant nous. J'ai des remords à lever mes chiens, douillettement installés dans la paille fournie par l'organisation dans les check-points, car je sens qu'ils auraient bien dormi toute la nuit après ces trois cents kilomètres de course. Tous mes scrupules s'envolent une minute avant le départ lorsque la meute, toutes gueules levées vers le ciel, se met à chanter à l'unisson, heureuse. Du coup, tout le monde s'arrête. Les officiels écarquillent les yeux, admirent et apprécient ces hurlements de loups qu'ils n'ont pas l'habitude d'entendre. Les alaskans aboient mais ne hurlent plus, ou si mal !

Totoche exulte.

- Je vous l'avais dit. Je vous l'avais dit. Non mais, vous avez vu un peu cette forme !

J'en suis moi-même ému. Alain me dira plus tard qu'il en avait été lui aussi tout retourné. Voir cet attelage disparaître dans la nuit après une aussi belle mélopée sauvage en aura marqué plus d'un. Décidément mes chiens m'étonnent. Ne devrais-je pas avoir plus confiance en eux et accélérer un peu ?

Non, non et non ! La course est longue, très longue. Ma stratégie est la bonne. Je dois veiller à ce que les autres réduisent le nombre de chiens dans leur attelage et surtout attendre le froid !

Je suis reparti 18e de Carmack. Au-dessus de moi dans le classement, il y a un musher dont les chiens sont trop fatigués. Les vétérinaires lui ont interdit de repartir avant onze heures. Mais, je suis sur mon traîneau comme un vrai ours en cage. Il me tarde d'appuyer un peu sur le champignon !

L'arrivée à Carmack par le fleuve Yukon que la route enjambe.

Je décide tout de même de m'offrir un petit extra sur les derniers cent cinquante kilomètres avant Dawson. Si mes chiens sont en forme et la température pas trop élevée, j'essaierai mon accélérateur, histoire de voir si ça fonctionne et, faut-il l'avouer, pour qu'on arrête un peu de nous prendre pour des charlots !

Le pack et les loups

Trois heures après avoir quitté Carmack, la fatigue me tombe dessus. Une vraie fatigue : grosse comme une montagne. Mes paupières sont en plomb. Si je m'écoutais, j'arrêterais le traîneau et me laisserais tomber dans la neige, là tout de suite ! Je m'endormirais en une demi-seconde.

Je suis idiot. Je pense à un lit bien chaud, une couette confortable sous laquelle je me loverais contre le corps chaud de Diane. Quel supplice !

Je suis si fatigué. Je ne tiens qu'au prix d'efforts insensés.

Les loups sont assez nombreux pour que l'on en rencontre souvent dans le Yukon.

Vers deux heures du matin, alors que nous rejoignons le Yukon après quarante kilomètres dans la forêt, une meute de six loups traverse le fleuve à une centaine de mètres devant nous. Ça me réveille un peu. De toute façon, je n'ai pas le choix. Pour naviguer dans ce foutoir de glace, de nuit, il faut être sacrément vigilant d'autant plus qu'une tempête de neige se lève, vent dans la gueule, c'est pénible et le mot est faible. Pour tout arranger, Amarok détend son trait et après le snack de quatre heures du matin, refuse de repartir. Je le fais monter avec moi mais le traîneau valdingue dans les blocs de glace empilés n'importe comment, une coquille de noix sur une mer en furie. Les Canadiens appellent ça du pack. Amarok n'aime pas ça et saute toutes les cinq minutes quand ce n'est pas le traîneau qui l'éjecte ! J'en ai ras-le-bol. RAS-LE-BOL.

Combien reste-t-il de kilomètres ? vingt ? trente ? Je cherche à me persuader que c'est vingt, mais je sais très bien que c'est trente.

Saloperie de course. Je suis épuisé. J'ai le dos en compote, des courbatures partout et voilà que mes chiens les uns après les autres dégueulent !

C'est un virus. Fini. Je suis fini. C'est trop injuste. J'ai du mal à y croire.

Je m'arrête une heure, donne à boire et distribue une tranche de saumon à chacun de mes onze coureurs des neiges. Nous repartons vers McCabe, il y a là-bas des cabanes et des vétérinaires.

Les dix derniers kilomètres dans la nuit noire sont un calvaire : du pack, de la slutch (mélange d'eau et de neige), de la glace, et de l'overflow (eau sur la glace). Le traîneau se renverse vingt fois.

– Eh bien, ils vont être contents tous ceux qui avaient prédit que nous n'irions pas bien loin.

Je n'arrive jamais à McCabe. Ça n'en finit pas, et c'est toujours plus loin. Les heures tournent et je n'en peux plus. Enfin, une lueur. D'autres attelages. Je me gare et soigne les chiens avant de partir à la recherche d'un véto. Elle les examine soigneusement, mais ne peut établir de diagnostic.

Je m'endors profondément malgré l'incertitude. Sommeil réparateur de plus de quatre heures. Une vraie grasse matinée. Quand je me lève, il est onze heures et il ne neige plus. Par contre le thermomètre se fout de ma gueule : – 5°C. Un record !

– En forme les chiens ?

Ils en ont l'air. Les sels sont plutôt « appétissants ». Ils mangent tous, et se lèvent à mon arrivée, la queue en trompette. Plus de maladie. Fausse alerte.

Pour me le prouver, ils réalisent malgré la température élevée une étape extraordinaire. Cinquante kilomètres en trois heures et onze minutes soit près de dix miles à l'heure !

Nous arrivons à Pelly-Crossing, dernier check-point avant Dawson au grand galop, tout sourire.

L'HISTOIRE DES CHIENS DE TRAÎNEAU

La domestication du chien nordique aurait été effectuée environ 10 000 ans avant Jésus-Christ, en Sibérie. À cette époque, le détroit de Béring était une terre et les migrations de peuplades asiatiques vers le continent américain continuaient. Elles s'effectuaient en été et ces hommes n'utilisaient pas encore les chiens. Ils commencèrent à en élever un peu plus tard pour aller chasser. Les divers groupes ethniques préféraient différents types de chiens. C'est ainsi que sont apparus au fil des sélections quatre groupes de chiens :

- Le husky sibérien :
Élevé par les Chukchis dans le territoire le plus oriental de la Sibérie. Ils l'utilisèrent comme animal de trait et développèrent un type bien précis avec une taille moyenne et un poil mi-court.

- Le malamute :
Élevé par les Mahlemuts qui vivaient en Alaska. Ils avaient besoin de chiens très costauds capables de tirer de lourdes charges.

- Le samoyède :
Élevé par le peuple Samoyède, qui était d'origine mongole. Ils utilisaient le renne comme animal de trait et le chien comme berger et pour la chasse. Il était adapté aux conditions très rigoureuses de ces régions situées à l'est des monts de l'Oural et à l'ouest du fleuve Ienisseï : taille moyenne-grande, poils très épais touffus et longs, robe blanche.

- Le groenlandais :
Le Groenland fut la dernière étape de la migration qui vit les peuples de souche mongole partir d'Asie vers le nord-est. Ce peuple est parvenu à s'adapter à des conditions de vie redoutables et ils sélectionnèrent des chiens primitifs et durs, doués pour la chasse aux grands animaux tels que l'ours polaire qu'ils poursuivaient sur la banquise.

Les mushers ne m'adressent plus la parole de la même façon. Il paraît que je suis 16e.

Totoche a fait une courbe : 28e à 20 km du départ. 21e à 160 km. 19e à 300 km. 16e à 400 km.

On suppose ce que l'imagination de Totoche et la réalité du graphique donnent comme conclusion. Il m'annonce déjà au moins 14e à Dawson.

Un officiel prévoit une vague de froid. Enfin, revoilà mon vieux copain qui pointe le bout de son nez. Si le froid vient, je vais peut-être donner raison à Totoche.

Cette étape Pelly-Dawson est l'une des plus longues (350 km) et des plus difficiles de la course. Un bel endroit pour en « mettre un premier coup ».

Dans les check-points, les handlers récupèrent les chiens « droppés ».

Je décide donc de dropper Amarok et Taïga qui ne tiendront pas le coup si j'accélère. Mieux vaut prévenir que guérir et je ne me suis pas engagé dans cette course pour pousser des chiens qui n'en auraient pas envie. Le vétérinaire chargé d'effectuer les formalités d'usage en cas de droppage n'en revient pas. Son formulaire est noirci de cases : tendinite, vomissement, épuisement, patte avant gauche ceci, coussinet arrière droit cela, mais il n'a pas de casse : le chien va très bien mais le musher s'en sépare...

Décidément, ce Français est bizarre !

Sur la course, on m'a donné un surnom, « the poor lonesome French musher ». Car je voyage toujours seul contrairement aux autres qui, à l'image des coureurs cyclistes du Tour de France, s'allient sur de plus ou moins longues distances. Ils se relayent en tête selon un rythme prévu à l'avance, ou encore en plaçant devant un tel en côte car il va plus vite, tel autre sur le plat, un troisième en fin du parcours et élaborent ainsi une technique de progression en groupe pour augmenter la moyenne individuelle. C'est le fameux « un plus un égale trois ». Rentrer dans un de ces groupes est un avantage, mais mon attelage est bien trop différent. Imaginez une mule dans un concours de chevaux. Distancée sur le plat, gênée dans les côtes, effectuant une étape de dix heures, là où d'autres en font deux. Impossible.

D'autant qu'être seul présente tout de même quelques avantages.

Je vais à mon rythme, ou plutôt selon celui des chiens. Si je juge qu'il faut s'arrêter ici, je ne vais pas là-bas sous prétexte que les autres veulent continuer. Pour dix kilomètres de plus, on peut en perdre trente un peu plus tard. Il ne faut pas oublier que le but est de doubler. Pour cela, il faut connaître ses points forts et ses points faibles. Réaliser une étape avec les concurrents permet d'étudier l'autre.

Mais il faut se méfier. Une année, ils étaient trois devant quand l'un des mushers a changé la position de ses chiens à trois cents kilomètres de l'arrivée. En procédant ainsi il savait que son attelage allait avancer moins vite, freiné par les deux chiens moins rapides qu'il avait placés devant. Si bien qu'à l'arrêt suivant, les deux autres concurrents l'ont laissé partir avec une heure d'avance. Ils avaient calculé qu'ils le rattraperaient en moins de cinq heures. Or ils se trouvaient à plus de quinze heures de l'arrivée. Ils ne l'ont jamais revu.

Il y a beaucoup de combines, comme celle, classique, consistant à donner cinq ou six heures de repos « en cachette » avant d'arriver à un check-point. Les concurrents pensent que vous avez des heures de retard. En consultant le tableau, ils ne s'affolent pas. Or vous n'avez pas six heures de retard, vous avez six heures de repos d'avance qui permettront plus tard d'avancer six heures de plus. Il y a aussi les faux départs, les fausses arrivées, les mushers qui sortent du check-point en chaussettes ou en chemise soi-disant pour pisser et s'en vont...

Je quitte donc Pelly-Crossing en pleine nuit. La lune, noire au début de course, devient de plus en plus lumineuse. Sur le Yukon, je peux même éteindre ma frontale. La piste est bonne, légèrement inclinée. Il suffit de mettre tout son poids sur un patin pour maintenir la proue dans le bon axe. Les chiens trottent à un pas cadencé, comme une belle mécanique.

Jérôme a récupéré Taïga et Amarok. Le pauvre vient

Changement de bottines. Elles s'usent tellement rapidement.

Ouktu, toujours souriant.

Après un petit repos à l'écart, il faut regagner la piste.

Distribution des snacks. Un agréable moment partagé avec les chiens dans la bonne humeur.

seulement de rejoindre la course. Il s'est bloqué le dos au départ en chargeant les chiens dans le camion : trois jours à l'hôpital au lieu de suivre une course pour laquelle nous nous préparions depuis deux ans.

Je suis heureux de le retrouver à Pelly. Il est frustré de ne pas pouvoir caresser les chiens. Mais c'est le règlement. Personne, même le « handler », ne peut aider d'une manière ou d'une autre. Et caresser un chien, c'est l'aider. Il est prouvé scientifiquement que ça contribue à éliminer l'acide lactique accumulé dans le sang et les muscles. Aucun médicament ne vaut un bon massage-caresse.

Il existe aussi dans le règlement toute une liste de produits interdits de type analgésique, aspirine, anti-inflammatoire. En fait, toute intervention visant à supprimer les sensations de fatigue et de douleur qui amènerait le chien à dépasser ses limites, est prohibée. Des contrôles anti-dopage sont effectués à chaque check-point. Pas de risque que le vétérinaire se trompe de chien, une puce électronique de la taille d'un grain de riz lisible par un scanner est implantée sous la peau des bêtes. Véritable fiche d'immatriculation, elle remplace le tatouage classique dans l'oreille et ne crée aucune démangeaison. Elle a l'avantage de garder dans ses circuits imprimés le dossier médical du chien. Le vétérinaire pose son scanner : Zip ! Tout va bien. Au suivant ! Quel progrès ! Les trappeurs des années 50 en perdraient leurs mocassins !

Un musher aurait trouvé une faille et fabriqué trois ou quatre puces avec des codes identiques à ceux de ses chiens engagés dans la course afin de pouvoir les changer à mi-parcours ! Rumeur ou réalité ?

Rien n'a été prouvé mais ça ne m'étonne pas vraiment. Il y a maintenant tellement d'argent en jeu sur ces courses que certains mushers sont prêts à tout... C'est d'ailleurs l'un des aspects qui ne me plaît pas beaucoup.

Où sont les mushers qui courent pour l'amour des chiens, du Nord et des aurores boréales ?

Frank en fait partie, mais l'espèce se raréfie. De plus en plus.

Pauvre Frank, il a dû dropper trois chiens à Pelly-Crossing, victimes de tendinite et d'entorse à l'épaule alors que ses principaux rivaux en conservent treize ou quatorze. C'est un coup dur dont il est difficile de se relever, surtout si tôt.

L'un de ses amis m'a avoué qu'il n'avait plus du tout le moral en quittant le check-point...

Mais il est toujours sur les talons du groupe de tête constitué de trois attelages. Parviendra-t-il à le suivre ?

Tout le monde en doute et la presse annonce déjà que « le recordman de la Quest » ne sera vraisemblablement pas sur le podium.

Coup d'accélérateur

À environ soixante kilomètres de Pelly-Crossing, deux cabanes de trappeurs proposent une halte. Cinq attelages sont garés là. J'hésite à continuer un peu pour profiter de la nuit mais de toute façon, nous sommes coincés et il faudra aujourd'hui progresser de jour...

Je m'arrête et examine très attentivement les trente-six pattes de mes neuf chiens. Deux heures de massage et quelques bandes de néoprène feront l'affaire.

Dans les descentes, les chiens ne doivent pas prendre un galop trop rapide, sous peine de le payer cher un peu plus tard. Il faut toujours conserver un rythme.

Je dors deux heures et reprends la piste vers dix heures. Le réveil a été douloureux. Je me serais bien reposé vingt heures de plus.

La météo s'est trompée. Il fait chaud, beaucoup trop chaud : – 10°C et mes chiens, dans les côtes, halètent comme des locomotives. Je m'arrête souvent et pourtant double deux attelages...

Plutôt que me combler de joie, ces dépassements m'énervent car j'imagine ce que mes chiens pourraient réaliser à une température normale.

Vers quinze heures, il fait décidément beaucoup trop chaud. Je nous accorde trois heures de repos, trouve quelques combines pour faire boire les chiens, en mélangeant du bouillon de viande avec de l'eau dans laquelle j'ai trempé du poisson, mais le mieux reste la petite tranche de foie noyée sous quatre centimètres d'eau. Les chiens boivent afin de pouvoir l'attraper.

Trois heures d'arrêt et pourtant les attelages que j'ai dépassés ne me redoublent pas. Peu avant de repartir, Jim Hendrick, une star de la Quest, me rejoint. Il est sympa ce Jim. Il arrête sa meute pour discuter cinq minutes. Je lui offre un café et quelques friandises puis repars.

Je regarde ma montre, 17 h 10. Je lui laisse quinze minutes d'avance et démarre. Je sens que ce repos a fait beaucoup de bien à mes chiens. Ils jappent de plaisir à l'idée de continuer et je suis obligé de les freiner pour éviter qu'ils ne prennent le galop.

Avec émotion, je retrouve les traces d'un de nos campements dressé deux ans plus tôt. Je ne passe pas une heure sans repenser à ce voyage avec notre petite fille dans le traîneau. Avec le recul, je me rends compte de ce que nous a apporté ce voyage. De notre extraordinaire expérience. Montaine s'en souviendra-t-elle ? Qu'en conservera-t-elle ? Un amour profond pour la nature, nous en sommes persuadés.

N'est-ce pas là l'essentiel ?

Quant à Diane et moi, nous avons puisé dans cette expérience des forces nouvelles qui nous donnent un autre regard sur la vie. Nous accordons de l'importance à certaines choses que d'autres jugent dérisoires et inversement... Sommes-nous si différents pour autant ? Sincèrement, je ne le pense pas, à l'image de Montaine qui reste une petite fille comme les autres, même si elle demande qui a tué l'animal sur lequel a été prélevé le steak qu'on lui met dans son assiette à la cantine.

Nous pénétrons maintenant dans le territoire des Black-Hills, véritable no man's land, grand comme dix départements français, à l'intérieur duquel personne n'habite. Des collines et des montagnes à perte de vue et la piste de la Yukon Quest qui monte et descend sans arrêt. Voilà le programme : monter, descendre, monter, descendre...

L'étape est longue et les traîneaux lourdement chargés. Ceux qui n'ont pas entraîné leurs chiens à tirer des poids dans les pentes ne sont pas à la fête. Les miens sont déjà montés ici en tractant deux personnes, un enfant et trois cents kilos de matériel. Ils connaissent. Nous allons vite et en deux heures je rattrape Jim. Il stoppe son attelage comme c'est l'usage et me demande si je désire passer devant. Je préfère le suivre quitte à doubler plus tard. Je ne regrette pas ce choix. Mes chiens semblent contents de les suivre, d'autant que Jim chante merveilleusement. Sous les aurores boréales jaunes et mauves qui embrasent le ciel richement étoilé, éclairé par une lune étonnamment brillante, nous trottons joyeusement sur la crête d'une haute colline. À droite et à gauche, les deux vallées sont noyées dans l'obscurité. C'est sublime.

Nous allons ainsi, deux heures durant sans même allumer nos lampes tant la nuit est claire. Lorsque Jim fait une pose pour remettre une batterie ou démêler un trait, je stoppe aussi et en profite pour boire une tasse de bouillon. Vers trois heures du matin, Jim s'arrête, ses chiens sont fatigués. Je passe devant. Mon attelage ne demande qu'à continuer. Cette belle nuit leur donne des ailes et nous allons sans ralentir, d'une seule traite jusqu'à Scoggy-Creck. Je retrouve là trois concurrents que je n'avais encore jamais vus et lorsque j'arrive, deux des trois mushers viennent me féliciter chaleureusement.

- Ay ! Nicolas ! Well done ! Waoooo !

Ils repartent dans deux heures et me proposent de faire équipe jusqu'à Dawson, ou tout au moins jusqu'à la cabane de Jim Dubois, trappeur installé à une dizaine d'heures de piste de Scoggy-Creck, qui accueille chaque année les mushers souhaitant se reposer chez lui.

- Merci, mais je veux donner au moins cinq heures à mes chiens.

Ils regrettent. Aussi sympathiques qu'ils soient, je les soupçonne fortement d'avoir essayé de griller mes chiens. Tout professionnels qu'ils sont, ils ne pouvaient pas ignorer qu'après une étape de huit heures en montagne, j'aurais commis une erreur fatale en repartant si vite. Frank m'avait prévenu : « La Yukon Quest est une série d'erreurs à ne pas faire. Les concurrents peuvent en fabriquer de toutes pièces. » Sympa l'ambiance !

À Scroggy-Crek, l'organisation a installé deux tentes

chauffées dont on peut disposer pour manger et dormir. Elles sont les bienvenues. Je suppose qu'à – 50°C, elles le sont d'autant plus.

Jim arrive trois heures après moi, visiblement vexé de s'être fait distancer par un « petit » Français, mais le vieux renard qui en est à sa huitième Quest est bien trop malin pour tenter de me suivre. Il reste neuf cents kilomètres. C'est bien assez pour s'expliquer...

Je constate avec un réel bonheur que Frank malgré trois chiens en moins se maintient dans le peloton de tête. Allez Frank !

Je repars seul comme un « poor lonesone French musher » vers dix heures du matin. Le thermomètre marque – 15°C. Vraiment pénible ! Avec Diane et Montaine, fin mars, nous avions eu ici – 45°C !

À peine une heure après avoir quitté Scroggy, j'aperçois un attelage garé le long de la piste et son musher qui marche en sens inverse avec un chien en laisse ! Je m'arrête. C'est l'un des trois mushers qui m'avait proposé de le suivre.

– My leader don't want to go. I'm scratched.

Son chien de tête refuse d'avancer. Il se dit foutu et m'explique qu'aucun de ses chiens, hormis celui-là, ne peut aller devant. Or, il a beau tout essayer, même de le promener en laisse, ce satané « Buck » s'est mis en grève. Je lui propose de tenter de me suivre.

– Non, non, merci. Mes chiens sont fatigués. Je vais attendre.

Je repars, obligé d'avouer que le malheur de ce pauvre musher me comble de bonheur !

Mes chiens pètent le feu et sans même forcer, je grignote des places et pas n'importe lesquelles ! Je rentre maintenant dans la première moitié du tableau. De grands professionnels sont maintenant derrière « le petit Français avec ses gros chiens esquimaux ».

Je rêve d'un coup de froid qui me permettrait de remonter vers la tête de la course.

Mes chiens peuvent le faire. Ils m'en ont donné la preuve.

– Je t'en supplie, le froid, reviens !

L'étape entre Scroggy-Creck et Dawson est considérée, avec celle d'Eagle Summit, comme la plus difficile de la course.

Nous attaquons la montée vers midi et je me mets en chemise pour courir derrière le traîneau.

Même marathonien et en sérieuse condition physique, je souffre. Le manque de sommeil y est sans doute pour beaucoup. J'ai dormi à peine huit heures en cinq jours. C'est peu, surtout lorsque le reste des heures est si richement occupé.

Torok et Nanook réalisent un exploit. À eux deux, ils entraînent toute la meute jusqu'en haut, sans s'arrêter une seule fois. Une heure et demie de montée d'une seule traite ! En haut, je leur donne plusieurs kilos de caresses et quelques snacks.

Nous redescendons tout le dénivelé que nous avons monté pendant deux heures et je m'arrête une heure pour fabriquer de l'eau et me préparer un repas sur un petit feu. J'ai une fringale terrible ! Je laisse les chiens dormir jusqu'à cinq minutes du départ où je distribue encore de l'eau, des caresses et quelques bottines. La nuit tombe et l'air se rafraîchit. Pas beaucoup : – 20°C.

Nous attaquons la deuxième montée vers onze heures. Ça me réveille un peu, même si j'arrive en haut avec des jambes de plomb : je suis mort de fatigue, les muscles noués et le souffle court.

Nous redescendons et je dois faire preuve de beaucoup de volonté pour ne pas laisser aller le traîneau. Je ne désire plus qu'une chose : arriver, arriver enfin ! Je suis mort de fatigue. Mort.

Vers une heure du matin, j'aperçois, planté au bord de la piste, dans le faisceau de ma lampe frontale, le panneau béni des dieux : « 5 km, cabane de Jim Dubois. Eau pour les chiens, repas pour les mushers ». Jim Dubois,

Dans les Blacks Hills, une succession de collines et de montagnes. Sur plus de 200 kilomètres, le menu se compose de montées et de descentes.

Pages suivantes : Pour aider les chiens dans les montées, le musher « patine ».

SCROLL
YUKON SAW

FULDA
FULDA
FULDA
INFORMATION CENTRE
DAWSON

c'est le Hilton des Black Hills. C'est long, cinq kilomètres lorsque chaque mètre est une souffrance. Encore quatre kilomètres.

– Courage, les petits chiens. On arrive !

Je suis fier, si fier de mon « petit » attelage. Nous arrivons enfin. Jim est debout, comme il le restera toute la durée de la course pour ne prendre qu'une demi-heure ici et là, entre deux départs et deux arrivées. Sur la Quest, il n'y a pas que les mushers qui ne dorment pas.

Lorsque je suis extrêmement fatigué, j'ai l'impression de passer encore plus de temps que d'habitude à soigner les chiens. C'est une partie de « moi » qui parle :

– Je te vois venir. Tu es si fatigué que tu ne penses plus qu'à dormir ! Je te surveille, il y a la bouffe à préparer et à distribuer, les pattes à vérifier, les massages à effectuer, la bande pour la patte avant de Gao, celle pour Nanook, l'eau, et ainsi de suite, sans rien oublier.

Pages précédentes :
Arrivée à Dawson.

Ce moi n'est pas tendre avec celui qui veut aller se coucher ! Un vrai bourreau.

Je trouve un peu de force pour manger et m'effondre. Jim me réveille deux heures et demie plus tard, à l'heure que je lui avais indiquée. Il faut déjà repartir. La Quest impose un rythme de dingue.

Une dernière montagne à gravir et pas des moindres : King Salomon Dome culmine à plus de huit cents mètres au-dessus de Dawson et la piste passe par son sommet. En montant, je double un nouvel attelage. Lorsque mes chiens l'aperçoivent, ils prennent le galop, ça achève de démoraliser le pauvre musher « scotché » dans la côte. Je m'arrête et lui demande s'il a besoin de quelque chose.

Il a des yeux de fou, du givre plein la barbe et de la glace dans les moustaches, des cernes gigantesques, une gueule de bouledogue extra-terrestre. Il aboie plus qu'il ne parle. Il en veut à la terre entière et surtout à ses chiens qui refusent de gravir la dernière côte. Dans quelques heures, il pourrait être à Dawson et je parie qu'à cette perspective il a oublié que des animaux ne sont pas une mécanique et ont besoin de repos. Il a dû tenter l'impossible et grillé ses chiens. Or, eux, savent s'arrêter. Bien fait pour lui !

Je le laisse aboyer et reprends l'ascension. Je cours derrière le traîneau que mes chiens tirent courageusement, d'une seule traite jusqu'en haut.

Le spectacle est grandiose. Avec les premières lueurs de l'aube, toutes les montagnes rougeoyantes émergent de la brume enveloppant les vallées encore noyées dans l'obscurité. Le vent balaie la crête et chasse la neige qui tourbillonne autour des congères avec violence. La crête effilée comme une lame de rasoir disparaît totalement dans la tempête, tout comme la piste dont on n'aperçoit plus aucune trace. Heureusement, je connais le chemin et le marquage est bien effectué. À peine suis-je passé, que ma piste s'efface derrière moi comme si le vent tenait à conserver la virginité des lieux. Les chiens traversent les congères qui se brisent au passage du traîneau et s'enfoncent dans le creux de la piste comblé par une neige légère. Avec le vent, le froid est à peine supportable tellement il pique le visage. Le vent peigne la fourrure des chiens dans laquelle s'accroche un peu de neige.

La descente est raide et la neige dissimule les pièges de la piste, ornières et dévers. Je pèse sur le frein pour aller le plus doucement possible, mais c'est comme si les chiens avaient senti l'arrivée. J'ai du mal à les retenir, d'autant plus que la pente en dévers m'empêche de ralentir efficacement.

Je m'arrête au milieu de la descente afin de souffler un peu et vérifier les quelques bottines que j'ai mises à une dizaine de pattes. Avec cette neige molle il faut particulièrement surveiller les coussinets entre lesquels peuvent se former des billes de neige. Je distribue notre dernier snack qu'ils dévorent en se disputant les miettes qu'ils ont semées dans la précipitation. Je ne leur aurais jamais imaginé un tel appétit. Tous les vivres sont épuisés, j'avais pourtant prévu large.

L'alimentation en course est composée d'environ deux repas par vingt-quatre heures et d'un snack toutes les deux heures. Les ingénieurs de Pedigree Pal ont travaillé deux ans pour mettre au point une alimentation à très haute concentration énergétique, équilibrée, appétente et spécifiquement adaptée à la meute. Si les exigences énergétiques d'un chien de traîneau sont d'environ 2 500 Kcal par jour, les besoins sont multipliés par trois ou quatre pendant une course comme la Yukon Quest. L'alimentation devient aussi primordiale que l'essence dans une formule 1 engagée dans un Grand Prix. Les mushers ont tous leur secret. Autrefois, le pemmican, un mélange de viande et de graisse, remportait la palme. Aujourd'hui, on sait tout ou presque sur les besoins du chien de traîneau et, comme tout le reste, la nourriture est hautement optimisée, étudiée, testée, modifiée au mieux. Pour chaque meute, reste à trouver ce qu'on appelle l'appétence, le petit plus qui chatouillera les papilles gustatives du chien et lui donnera envie de manger davantage, ou tout simplement de se nourrir lorsqu'il n'aura qu'envie de dormir. Chacun a ses recettes. Miel, viande hachée, farine de poisson, bouillon en cube, poudre d'œufs sont mélangés à la nourriture déshydratée, utilisée en course longue distance car c'est la seule qui couvre l'ensemble des besoins sans surcharge du tube digestif.

Frank prévoit à chaque check-point trois ou quatre types de nourriture. Il dispose ainsi de plusieurs solutions de secours si ses chiens par lassitude, ou pour toute autre raison, refusent de manger.

J'utilise les croquettes que nous avons mises au point et y ajoute de la viande de bœuf hachée avec une cuillère à soupe de prébiotique afin d'éviter des diarrhées dues au stress ou à la fatigue. Je mélange le tout avec beaucoup d'eau. Beaucoup. La déshydratation est avant l'alimentation le problème numéro un en course longue distance. Un chien nordique qui effectue cent cinquante kilomètres par vingt-quatre heures consomme environ quatre litres, voire plus lorsque le thermomètre joue des tours comme en ce moment. Or un chien dont les besoins en eau ne seraient couverts qu'à 95 %, soit 5 % de « déficit », perdrait 40 % de ses capacités ! Toutes ces considérations peuvent sembler un peu trop techniques mais restent prioritaires pour comprendre les stratégies de course.

J'ai hâte d'arriver à Dawson et d'offrir à mes chiens un repas de roi avec plein de viande, de poisson, de lard et de croquettes mélangées. Je les imagine, douillettement installés dans la paille, le corps détendu, s'étirant avant un long repos. Enfin. Trente-six heures devant soi, qu'hommes et chiens doivent gérer au mieux pour en profiter au maximum.

J'élabore ma stratégie pour les chiens. Un repas en arrivant, huit heures de repos puis un repas toutes les six heures, le dernier quatre heures avant de repartir. Je calcule qu'en arrivant vers midi à Dawson, j'en repartirai le lendemain vers minuit. C'est là que les minutes d'écart dues aux départs échelonnés sont redonnées. Parti 27e, cinquante-quatre minutes plus tôt que le dossard numéro 1 qui n'a le droit de démarrer que trente-six heures plus cinquante-six minutes après son arrivée (56 minutes car nous étions 28 au départ : 28 x 2 = 56). Je m'en irai donc trente-six heures plus quatre minutes après mon arrivée. Des minutes qui ne comptent plus vraiment tellement les écarts sont maintenant importants, plus de trois jours entre le premier et le dernier !

En bas de la côte, je m'arrête pour examiner Nanook. J'ai l'impression qu'il boite depuis quelques minutes. Une sensation que quelque chose ne va pas, encore plus qu'une impression visuelle. C'est très léger, pratiquement imperceptible.

– Alors mon Nanook, tu n'as pas fait huit cents kilomètres pour te faire mal à dix kilomètres de Dawson !

Inspection générale. Tout a l'air en ordre. Nanook, sur le dos, attend des caresses. J'en distribue à tout le monde. L'ambiance est bonne. Depuis le départ, je n'ai pas élevé la voix une seule fois. Je vis, dans cette course, une sorte de parenthèse avec mes chiens et j'ai une sensation de symbiose, de complicité totale à laquelle je n'étais jamais parvenu pendant les expéditions ou les randonnées.

Paradoxalement, l'ambiance est au jeu, plus qu'au travail. Mes chiens ne sont plus des écoliers que l'on réprimande lorsqu'ils font une bêtise. Ce sont devenus des champions, des athlètes formidables et nous formons une équipe. On donne tous le meilleur de nous-même. Pourquoi ? Peut-être simplement pour être là, ensemble, vingt-quatre heures sur vingt-quatre, engagés dans une aventure dans laquelle nous avons finalement notre place.

Les chiens auraient-ils une fierté ? Cherchent-ils à le prouver ? C'est à croire que oui !

Je ne suis pas du tout du genre à vouloir humaniser les animaux mais je me place résolument du côté de ceux qui leur accordent des réflexes intelligents. Les chiens n'agissent pas que par instinct. Ils sont sensibles à des tas de choses qui nous échappent. Ils m'étonnent, à l'image d'Otchum, ce chien exceptionnel avec lequel j'ai l'impression de courir encore. Qu'est-ce que tu me manques Otchum ! Fatigué, les larmes me viennent facilement aux yeux lorsque je pense à lui. Sa disparition m'a laissé une plaie qui n'en finit pas de cicatriser. Le temps n'agit pas avec autant d'efficacité que je le pensais. J'ai un peu honte de cette souffrance. Ce n'était qu'un chien.

Le jour est maintenant levé et le vent est tombé. Il a chassé les nuages, et le froid accroche de la glace dans les poils de ma barbe. La fourrure des chiens se pique de blanc. Enfin, nous ressemblons à ce que nous sommes : des voyageurs du froid.

Ce n'est plus une sensation, ni une impression : Nanook boite.

– Merde !

Un faux mouvement dans la descente !

Je l'enlève de l'attelage et le charge sur le traîneau. La douleur semble légère. Le repos est le seul remède. Mais Nanook refuse de monter. J'essaie dix fois avant de réussir à l'immobiliser. Lorsqu'on démarre, il devient hystérique. Nous n'avons pas avancé d'un mètre qu'il a déjà sauté, déchirant la bâche dans laquelle je l'avais enroulé ! Ces diverses tentatives ne font qu'empirer la situation puisqu'il force sur ses pattes dans des positions impossibles. J'essaye encore puis décide, le remède étant pire que le mal, de le laisser à l'attelage.

Je viens cependant d'apprendre une chose. Avant de s'engager dans une course longue distance, il faut habituer les chiens, dès l'entraînement, à voyager dans le traîneau...

Heureusement, Dawson n'est plus loin. Il reste à peine vingt kilomètres de route, bien damée donc sans risque de faux mouvement. Avec le jour et l'excitation, ma fatigue s'est envolée. J'ai hâte de revoir tout mon petit monde. Je les imagine qui surveillent attentivement le tableau sur lequel s'inscrivent heure après heure toutes les informations, les temps, les positions avec plus ou moins de précision en fonction des informateurs : pilotes, trappeurs ou officiels qui eux seuls réalisent comme à Scroggy-Creck des chronométrages dignes de confiance.

Nanook boite très, très légèrement mais cela suffit à me casser le moral. Il est avec Torok, Voulk et Baïkal, l'un des chiens essentiels de mon petit attelage. Dans les côtes, il est même l'un des deux chiens les plus importants. Et il y a beaucoup d'ascensions au menu après Dawson.

Des motoneiges s'approchent. Je réalise seulement après les avoir croisés et lorsqu'ils font demi-tour qu'il s'agit d'Alain avec les photographes et les cameramen. Je suis furieux. Je ne vois pas l'intérêt de venir réaliser des images sur une route, d'autant plus qu'ils coupent le rythme de mes chiens à un moment où je ne veux surtout pas les arrêter. Je suis d'une amabilité proche du zéro. Nous nous étions donné rendez-vous en haut et ils n'avaient qu'à y être à six heures du matin...

Alain s'explique avec beaucoup de diplomatie.

– C'est pas évident, on sait jamais où tu es, à quelle heure tu pars, quand tu arrives.

Il sait que les mushers arrivent à Dawson dans un état d'épuisement total et je n'échappe pas à la règle. On ne passe pas une semaine à courir derrière un traîneau avec deux heures de sommeil par vingt-quatre heures sans le payer. Ils repartent déçus de ne pas m'avoir rejoint plus tôt surtout que j'ai insisté sur la lumière exceptionnelle, le vent balayant les crêtes, les montagnes rougeoyantes...

De superbes images présentes dans ma tête mais pas dans la boîte.

Aussitôt arrivé à Dawson, les vétérinaires passent très soigneusement en revue tous les attelages.

La route n'en finit pas. Les chiens vont vite, à plus de vingt kilomètres/heure dans les descentes sans que je puisse les ralentir. Nous arrivons dans la rue principale de Dawson au grand galop sous les applaudissements. Superbe arrivée.

Nous avons réalisé sur cette dernière étape de cent soixante kilomètres le troisième temps. Frank est arrivé ici hier à 13 h 45 en 3e position avec un temps de 26 h 30. J'arrive ici en 13e position à 11 h 14 en 25 h 45 minutes.

Mon accélérateur fonctionne. J'exulte.

TAIGA

KENO

Aurore boréale et sommeil

Un hiver
CHAPITRE 12

Essayez d'imaginer quel peut être mon plaisir, lorsque, assommé de fatigue, je plonge dans un bain chaud, puis glisse dans des draps propres pour un sommeil dont je sais qu'il sera aussi long que je le désirerai. C'est indescriptible. Géant. Je n'en finis pas de m'étirer pour écouter tous mes muscles demander grâce. Je ronronne de plaisir en sombrant dans les bras de Morphée. Rien que pour cet instant-là, la Quest mérite d'être courue...

L'arrivée à Dawson d'un concurrent, sur la Front Street.

Trois heures plus tard, frais comme un gardon, un peu courbaturé tout de même, mais reposé, je me lève pour aller dîner avec Diane, et toute l'équipe. Il manque maintenant Totoche, Jean-Marc, Jean-Christophe, Malto et l'équipe de TF1 qui sont rentrés en France. Il reste tout de même une bonne bande auprès de laquelle il fait bon rigoler dont Isabelle Dor de France Info, Jacques Lange de Paris Match, Alain Restoin et Emmanuel Hachette qui réalisent un film pour France 3.

J'ai été assez surpris en arrivant de constater mon état de maigreur. Je mange donc à moi tout seul la part de trois personnes. Cela m'inquiète pour la suite car je n'ai plus que la peau sur les os ! Sur cette première semaine, je me suis négligé en me concentrant sans doute un peu trop exclusivement sur les chiens. Je ne me suis pas assez alimenté, au point de perdre plus d'un kilo par jour. Derrière ce dîner gargantuesque et assez arrosé, je me paie une nuit de neuf heures alors que Frank m'en avait conseillé quinze. Mais rien à faire. À huit heures, je suis bel et bien réveillé et j'ai surtout très faim, tellement faim.

Pages suivantes : Aurore boréale au-dessus du fleuve Yukon.

La journée est calme. Je vais au check-point, un grand bâtiment réquisitionné pour tracer mes cartes et obtenir les renseignements susceptibles de m'être utiles : cabane, état de la piste, nombre de kilomètres entre chaque contrôle, altitude des montagnes à gravir...

J'essaie une sieste mais ne trouve pas le sommeil. Pourtant je sens que quelques heures me seraient utiles. En fin d'après-midi, il faut se replonger dans un tout autre bain que celui de l'hôtel et reprendre la course.

Pendant les trente-six heures de l'étape, c'est Jérôme, assisté de Jean-Paul, un copain de Whitehorse, et Fabrice, qui se sont occupés des chiens : nourriture, massage, graissage, et balade en laisse pour leur dégourdir les pattes afin d'éviter qu'un arrêt brutal ne leur noue les muscles. À ces multiples soins prodigués, s'ajoutent les réparations sur le traîneau et une multitude de petites choses, qui l'une derrière l'autre font que trente-six heures leur semblent aussi courtes qu'à moi. Dawson est la seule étape où une assistance extérieure est autorisée et bien sûr utilisée par tous.

Pour éviter tout accident avec des motoneiges, des panneaux signalent le passage de la course, notamment près des villages.

Nanook s'améliore d'heure en heure. Les vétérinaires ne peuvent pas vraiment diagnostiquer : tendinite, déchirement musculaire, entorse ? Un petit « quelque chose » en tout cas.

À une heure du départ, ne subsiste qu'une très légère douleur lorsqu'on lui tend totalement la patte en avant. Après l'avoir soigneusement examiné, je juge qu'il peut repartir, au moins jusqu'au prochain check-point, à deux cent vingt kilomètres de Dawson, d'autant plus qu'il s'agit d'une étape facile sur le plat.

Les vétérinaires me conseillent de ne pas le prendre puis insistent assez catégoriquement pour me faire comprendre que ce « conseil » pourrait se transformer en une « décision » indiscutable.

Vu l'état dans lequel j'ai vu repartir certains chiens des derniers check-points, cette obstination m'agace. On peut m'accuser de tout sauf de maltraiter mes chiens. Mais je n'insiste pas.

Je le laisse, la mort dans l'âme. Sans Nanook la meute est amputée d'un membre.

J'aime Nanook. Il est, avec Carmack, mon préféré. Carmack est resté à Whitehorse et Nanook à Dawson. Décidément, on ne pourra pas dire que j'ai eu de la chance avec cette course...

Diane m'a répété qu'après mon départ les vétérinaires et les juges avaient l'air content. Je refuse de le croire.

On quitte Dawson vers minuit par – 32°C, avec dans le ciel les plus belles aurores boréales jamais observées. Un véritable mur de lumière, jaune et rouge aux extrémités vertes, ondulant et se repliant sur lui-même. Derrière nous, vers le sud, les faisceaux de lumière ressemblent à une fumée lumineuse montant de la terre comme un rideau de soie impalpable, ballotté par l'air de la nuit, se vrillant et s'étirant avec des scintillements de toutes les couleurs. Il me semble que le phénomène émet un son. Comme un bruissement étouffé bien différent du sifflement que produisent les patins du traîneau en glissant sur la neige. Sous la lumière de la lune, le paysage de neige et de glace est très lumineux et les reliefs, de part et d'autre du Yukon sur lequel nous naviguons, porte des ombres nettes. Je me laisse aller à la contemplation car la conduite est facile sur le fleuve. Mes huit chiens trottent avec une régularité de métronome ; mes yeux se ferment, je m'endors et manque de tomber vingt fois. À trois heures du matin, je n'en peux plus. Depuis le départ, je n'ai jamais ressenti une telle fatigue, aussi terrassante, puissante, tenace. Pourtant, je sors de trente-six heures de repos durant lesquelles j'ai tout de même dormi presque dix heures. Les chiens sont en pleine forme et ne demandent qu'à continuer jusqu'au petit matin. Mais je ne tiendrai jamais jusque-là.

Ce n'est qu'au prix d'efforts insensés que je parviens à ouvrir mes yeux qui se referment aussitôt, collés par la fatigue et la glace se formant dans mes cils. M'arrêter ?

▲ *Dawson avec ses maisons et ses trottoirs en bois a conservé son look d'autrefois.*

Peinture réalisée sur le camion d'un musher. ▶

Dave Scheer
1989
YUKON
QUEST
TEAM

L'attelage et son musher forment en course une chaîne et l'homme ne doit jamais être le maillon qui le fragilise. Je dois tenir. Il reste presque mille kilomètres jusqu'à Fairbanks et le froid arrive. La course va enfin commencer. Nous allons bientôt pouvoir lutter avec les meilleurs, à armes égales. La plupart des attelages ont droppé entre deux et cinq chiens. Avec huit chiens, je me trouve enfin dans la moyenne. En puissance, nous sommes sans doute les plus forts.

Tenir. Facile à dire. Comment vais-je rester éveillé encore cinq heures ?

Je cours derrière le traîneau, secoue la tête et m'arrose le visage de neige plusieurs fois, mais la fatigue est bien plus forte que tous ces stratagèmes. Le choc d'un patin contre un bloc de glace me réveille en m'éjectant du traîneau. Où suis-je ?

Page suivante : Les mushers doivent avoir une connaissance très approfondie des soins et des médicaments à apporter aux chiens.

Pas bien loin. Je me suis endormi quelques minutes. Contrairement au rêve que je faisais, je ne suis pas arrivé. Il y avait une lueur dans la nuit. Une fenêtre, une cabane. J'y arrêtais les chiens et pouvais aller me coucher. Dormir. C'était bon...

Non, je suis seul sur la rivière et je dois avancer encore pendant au moins quatre heures, pas une minute de moins. Une partie de moi me l'impose. Les minutes durent des heures et les chiens ralentissent car ils sentent bien que derrière le bonhomme faiblit. Je n'y peux rien.

Exactement neuf heures après avoir quitté Dawson, pas une minute de moins, c'est ma victoire, nous nous arrêtons au bord de la rivière. J'allume un feu, soigne les chiens et m'endors enfin, enroulé dans mon sac de couchage sur le traîneau. J'ai dépassé deux attelages qui avaient six heures d'avance sur moi au départ de Dawson, mais ça ne compte pas. Je les ai doublés alors qu'ils s'apprêtaient à repartir après quelques heures de repos. Ils vont donc me dépasser à leur tour et... justement les voilà.

10 h 46. Je règle mon réveil à 14 h 40 pour repartir une heure plus tard.

Ils n'auront plus que cinq heures d'avance contre six au départ de Dawson.

La course a réellement commencé.

American Summit

Je me réveille après seulement deux heures de sommeil, en pleine forme. J'ai largement le temps de gâter mes chiens : massage-caresse de cinq minutes pour chacun. Ils adorent.

Je leur mets à tous des bottines car l'action combinée de la glace et de la neige sur le fleuve irrite la peau située entre les coussinets. Puis nous repartons pour une étape d'environ soixante kilomètres jusqu'à « la plus belle cabane de la course ». C'est du moins ce qu'en dit Frank.

Aujourd'hui, les mushers n'allument plus que très rarement des feux pendant la course. Ils préfèrent se servir d'un réchaud, car c'est plus rapide.

Un soir, il m'avait noirci une feuille de renseignements tous plus utiles les uns que les autres sur ces mille kilomètres de piste que je ne connais pas. Je la conserve précieusement dans la poche de ma parka.

À 55 miles de tel check-point, sur la rive droite de la rivière, petite cabane : ne pas s'y arrêter si d'autres mushers y sont déjà.

À 70 miles, attention à l'embranchement avec le Pelly : beaucoup d'overflow.

À 85 miles, ça commence à monter, essayer de faire cette étape de jour car la descente de l'autre côté est très mauvaise.

Et ainsi de suite...

On imagine combien tous ces renseignements précis et efficaces sont utiles pour organiser au mieux ses étapes. Aucune note n'est superflue. Avec les cartes que je sais lire efficacement, j'arrive à me sentir comme chez moi, sur une piste inconnue. Lire une carte est comme observer à la jumelle, il faut savoir dans les multitudes de renseignements qui s'offrent à vous, sélectionner ceux qui sont intéressants. En un mot, être efficace.

Vers seize heures, la piste quitte le fleuve pour s'enfoncer dans le bois, sans doute afin d'éviter une zone dangereuse. Une demi-heure plus tard, nous ne sommes toujours pas redescendus sur la rivière. Or, la piste était censée la suivre jusqu'à un pont !

Je m'arrête, dépasse l'attelage et observe la neige. Une multitude d'empreintes témoignent du passage récent de chiens de traîneau. Rassuré, je continue un quart d'heure de plus, puis recommence le même manège. Parmi les nombreuses traces, je remarque deux choses qui me chiffonnent : certaines empreintes indiquent qu'un ou plusieurs attelages ont été en sens inverse. D'autre part, les empreintes ne sont pas celles de chiens alaskans mais celles de chiens bien plus gros... Un trappeur !

À tous les coups, mes chiens ont suivi la piste régulièrement et fraîchement empruntée par un attelage de chiens utilisés par un trappeur et j'ai manqué la bifurcation vers la rivière !

Plutôt que de revenir en arrière sur près de six ou sept kilomètres, je décide de couper à travers bois par une petite piste bien damée qui semble se diriger vers la rivière.

Les chiens apprécient et prennent le grand galop à tel point que la descente ressemble à du bobsleigh. Je déboule tout à coup dans une clairière où une vingtaine de chiens font un tintamarre de tous les diables en nous voyant arriver.

La porte de la cabane s'ouvre sur un homme d'une soixantaine d'années, un peu ahuri de voir un attelage déboucher ici.

– How are you !

– French musher on the Quest !

Le visage du trappeur s'éclaire. Il a entendu parler de moi dans l'une des multiples émissions de radio consacrées à la course. Il me félicite et me propose un café. Je cède à contre-cœur car cet arrêt ne profitera pas aux chiens, bien trop excités par les autres.

Larry me montre ses fourrures, quelques-unes de lynx, deux de loups et une bonne vingtaine de martres. C'est le genre d'endroit où je serais resté une semaine, si je ne me trouvais pas engagé dans cette course. Je le lui dis et il m'invite à revenir avec mes chiens qu'en connaisseur il apprécie déjà. Je promets d'essayer et c'est sincère.

– Bye bye Larry !

– Good luck my friend ! See you soon...

Cinq minutes plus tard, je retrouve la rivière.

Mes chiens vont vite, cette petite parenthèse a brisé un rythme monotone et leur a donné du punch. Leur queue en trompette, ils trottent joyeusement sans ralentir cinq heures durant.

Nous arrivons de nuit à la cabane. Frank avait raison, c'est un vrai chalet et l'accueil est chaleureux. C'est encore un trappeur et sa femme, la trappe étant le seul métier possible dans des contrées si éloignées.

Un musher qui ne cesse de grignoter des places depuis le départ arrive en même temps que moi. Trois autres sont loin derrière, à plus de six heures mais, paraît-il, ils nous ont pris en chasse. Bob veut repartir dans quatre heures mais je veux donner six heures de repos à mes chiens. Nous ne décollerons donc pas ensemble.

De nouveau le thermomètre remonte. Le tenancier du chalet m'assure que ces températures sont historiques.

– Ce record de chaleur n'est pas près d'être battu. Depuis quarante ans que je suis dans le Yukon, je n'ai jamais vu ça !

Moi, qui avais misé sur le froid avec mes gros chiens aux fourrures arctiques, c'est bien ma veine !

J'estime que les capacités physiques de mon attelage sont réduites de plus de 10 % à des températures inférieures à – 25°C. En terme de place, cela me positionne-

Sur les crêtes d'American Summit, le paysage est l'un des plus beaux de la Quest.

Les aspérités de la glace sur le Yukon obligent par endroits de « bottiner » tous les chiens.

rait environ 8e ; quinze heures derrière le peloton de tête. Quinze heures qu'il me serait impossible de rattraper à moins d'un énorme coup de froid, ou d'un gros blizzard qui bloquerait tout le monde mais à travers lequel mes chiens passeraient...

En me présentant quatre ou cinq fois au départ de la Quest, avec un attelage aussi bien entraîné que cette année, j'aurais sans aucun doute des chances de monter un jour sur le podium. En 1984, le thermomètre n'est jamais monté au-dessus de – 40°C pendant toute la course avec des pointes à – 62°C. Ça, c'était une Quest pour nous ! Du sur mesure.

De nouveau, je suis obligé de voyager de jour, en « pleine chaleur ». Le thermomètre marque –22°C à minuit, il remontera sans doute à – 10°C dans l'après-midi. Trop chaud pour mes chiens ! Beaucoup trop. Mais je n'ai pas le choix. Étant arrivé à onze heures du soir, je ne peux pas attendre une journée entière. Je décide de repartir vers cinq heures du matin afin de profiter au maximum de la fraîcheur de l'aube. J'espère qu'ensuite nous aurons un peu de vent en montagne. Histoire de se rafraîchir. Souhaiter du vent dans le Grand Nord, c'est le monde à l'envers !

Je dors comme un bébé pendant trois heures. Le réveil est douloureux : mes paupières refusent de s'ouvrir et mon corps tout entier réclame du repos. Mais il faut repartir, une grande journée nous attend. Même si les chiens, eux aussi, auraient bien dormi un peu plus.

– Allez courage, les pt'its loups.

Heureusement, ils apprécient la petite visite personnalisée du matin. Ils se lèvent un à un, agitent leur queue et miaulent comme des gros chats pour m'appeler.

– Bonjour mon gros Torok, alors comment va, ce matin ?

– Salut Oukiok, en forme ?

– Ça va mon Baïkal?

J'essaie d'être le plus équitable possible dans les caresses comme dans les paroles...

Je n'oublie jamais Gao et Pawnee, les deux chiens de Jérôme qui se comportent merveilleusement bien. Même s'ils n'ont pas la foulée souple et rapide de mes chiens, ils compensent ce handicap par un courage et un moral extraordinaires. Je souhaite vraiment, pour Jérôme, qu'au moins l'un des deux arrive au bout. Ce sera sans doute Pawnee, car sur les grosses étapes Gao a tendance à relâcher un peu, tout comme Oukiok.

Ceux qui m'étonnent le plus sont Kurvik et Ouktu, les deux jeunes frères de lait dont les traits ne se sont pas relâchés une seule fois depuis le départ, trottant avec une régularité de métronome sans jamais poser le moindre problème.

L'anthropologue Jean MALAURIE, auteur du fameux « Les Derniers Rois de Thulé » rapporte : « Sur le sommet de leur crâne, les Esquimaux des terres arctiques et les chiens polaires ont une arête osseuse, une crête sagittale que l'on ne retrouve ni chez les autres hommes, ni chez d'autres races de chiens. »

Par contre, j'aurais parié une médaille d'or sur Baïkal, mais son moral n'est pas à la hauteur de son physique. Sur de très longues étapes, il aurait légèrement tendance à baisser de régime. Voulk est parfait. Quant à Torok, je vois mal qui pourrait lui ravir la médaille d'or !

Quel chien !

Je bottine tous les chiens car il nous reste à effectuer une cinquantaine de kilomètres sur un affluent du Yukon avant de nous engager dans les montagnes. On passe quatre heures monotones dans la lumière grise du jour naissant. Je cours souvent derrière le traîneau pour ne pas céder à la fatigue. Les chiens vont bon train et la piste s'allonge derrière nous. Le silence est total, rompu de temps à autre par le bruit sec des patins rencontrant un bloc de glace et le craquement du traîneau sur la surface durcie de la neige. Tout le monde dort : le fleuve, sous un manteau de glace de deux mètres d'épaisseur, les arbres dont la sève s'est arrêtée. Pas un oiseau, pas un mouvement, tout est immobile, figé, pétrifié par le froid, sauf nous.

Dans le faisceau de lumière jaune de ma lampe, j'observe la meute et admire la belle foulée franche et rapide qu'ils ont dans l'obscurité. J'ai énormément de mal à mesurer le temps qui s'écoule tant les minutes ressemblent aux heures. Aussi suis-je assez étonné lorsqu'ils prennent brusquement le galop pour gravir l'une des berges du fleuve et pénétrer dans la forêt. Je consulte la carte. Nous venons de faire cinquante kilomètres et je ne m'en suis pas rendu compte. Me serais-je endormi debout sur mes patins ?

Les chiens sont heureux de quitter la piste ennuyeuse de la rivière. Dans les bois, ils retrouvent les odeurs de gibier qu'ils aiment tant. Notre rythme ne se ralentit que lorsque nous attaquons la très longue montée vers American Summit. Je cours pour ne remonter sur les patins seulement lorsque je n'en peux plus. Alors j'aide les chiens en pédalant avec un pied comme sur une trottinette. Je veille à ne pas faire d'à-coups, ce qu'on obtient en une poussée très longue aussitôt relayée par une autre. Tout les vingt pas environ, je change de pied. L'effort est aussi violent que la course mais les muscles sollicités sont différents si bien qu'en alternant les deux « sports », je réduis un peu la future fatigue.

Nous nous arrêtons au milieu de l'ascension pour respirer et j'en profite pour leur distribuer le troisième snack de la journée. Dans les montées, je donne une double ration à Torok, Pawnee et Voulk qui tirent comme des tracteurs. Nous arrivons au sommet vers treize heures accueillis par un léger souffle de vent qui peigne la fourrure des chiens.

Alain et Emmanuelle qui réalisent un film sur « le Français dans la course »* sont venus jusqu'ici en motoneige. La caméra ronronne de plaisir au contact de cette belle lumière rasante un peu rosée.

Avec le vent, le soleil se lève et éclaire la montagne dont la crête s'irise avec des reflets dorés. Des volutes de neige cisèlent le col que nous franchissons en écrasant des congères dissimulant la piste.

Nous demeurons à flanc de montagne pendant plusieurs kilomètres sans redescendre. Pour maintenir le traîneau et

* Le titre définitif est « Un Hiver de chien » (disponible en vidéo).

éviter qu'il ne dérape, je suis obligé de le soulever sur un patin afin qu'il morde la neige à la manière d'un ski. L'équilibre est très difficile à conserver. Si on arrive à empêcher qu'il ne tombe sur le côté en repoussant le traîneau avec le pied, l'inverse n'est pas possible. C'est à croire que le traîneau refuse d'être sur une patte. Il me faut le relever cent fois. Cet exercice est particulièrement éprouvant pour les deux chiens qui se trouvent immédiatement devant le traîneau car en plus de tirer, ils doivent sans arrêt tenter de corriger la trajectoire dans une position très inconfortable. Après une heure assez éprouvante, nous retrouvons enfin une route plus facile pour descendre jusqu'à Eagle.

J'arrive au quatrième check-point de la course en milieu d'après-midi par une température historique de 0°C ! Bien qu'un attelage m'ait doublé, je suis toujours 13e car un sixième abandon a eu lieu. Il s'agissait d'un musher placé dans les dix premiers. En course, le malheur des uns fait toujours le bonheur des autres, exception faite du dernier. En l'occurrence, il s'agit cette année de « l'autre Européen », un Allemand ultra-médiatisé qui ferme la marche depuis le départ.

Arrivée à Eagle de Frank Turner. Il est toujours dans le peloton de tête.

Je suppose que toute l'armada de journalistes allemands (plus de trente !) qui se sont déplacés pour suivre sa course aurait aimé qu'il arrive bien placé mais il a maintenant trois jours de retard et ne risque plus de doubler qui que ce soit.

Yukon

À Eagle, je dors encore au milieu de mes chiens. Il fait bon. C'est tranquille et je n'ai que quelques mètres à faire pour distribuer de l'eau. Je n'ai surtout pas envie que les passages dans les check-points brisent « l'ambiance » dans laquelle l'attelage et moi, nous nous trouvons. Je préfère rester auprès d'eux, avec eux. J'ai la sensation que ma présence les rassure et inversement leur présence me fait tellement de bien ! J'aime n'avoir qu'à ouvrir un œil pour les voir tous, confortablement installés sur leur lit de paille en train de dormir profondément.

Un musher d'Eagle profite de la piste pour entraîner son attelage.

Cette course, en plus de tout ce que j'aurai appris auprès d'un grand professionnel comme Frank, m'aura surtout permis d'atteindre une complicité extraordinaire. Je ne pensais pas pouvoir vivre dans une telle harmonie avec des chiens de meute car l'homme n'intervient pas sur eux comme avec d'autres chiens. Les rapports sont différents. La meute a son organisation, sa hiérarchie, son chef, ses règles et l'homme n'intervient qu'à la périphérie pour diriger. Le rapport est beaucoup plus global qu'individuel, car les chiens de traîneau ont un comportement de groupe. L'homme est, pour un chien de compagnie, ce que la meute est au chien de traîneau... Tout découle de cette différence fondamentale.

Engagé dans cette aventure totale sans jour, ni nuit, presque intemporelle, j'ai la sensation de fusionner avec la meute, de ressentir ses efforts, ses joies, ses angoisses, plus que jamais. C'est comme si par une sorte de contrat affectif, la meute m'avait accepté dans le but de mieux fonctionner. J'occupe ma place et comme chacun des chiens, je fais du mieux que je peux. Je n'élève jamais la voix, mais participe à l'effort. C'est une équipe, et non une meute de chiens dirigée par un homme. Je suis très admiratif et très fier de ce qu'on réalise ensemble. Je pense que nos rapports s'en trouveront à jamais modifiés.

D'Eagle au prochain check-point, c'est l'étape Yukon. Deux cent cinquante kilomètres sur le lit gelé du fleuve mythique qu'ont emprunté, un siècle plus tôt, les chercheurs d'or. À mi-parcours, quelques cabanes connues sous le nom de Biederman's et mentionnées par Jack London dans quelques-unes de ses nouvelles, offrent gîte et couvert aux mushers. L'organisation s'y rend en avion pour offrir un service vétérinaire.

Je quitte Eagle vers minuit et réalise une étape de quatre-vingts kilomètres en cinq heures. Je m'arrête cinq heures et file d'une traite jusqu'à Biederman. Frank m'avait conseillé d'effectuer cette étape de jour. Le tuyau s'avère bon, tout comme la plupart des renseignements qu'il m'avait indiqués car le Yukon offre sur cinquante kilomètres un condensé de toutes les difficultés qu'une rivière gelée peut proposer à un conducteur de chiens de traîneau : pack, glace bleue, overflow, slutch, dévers et j'en passe...

Nous arrivons à Biederman en fin d'après-midi, épuisés. Le thermomètre continue à se moquer de nous. Le froid ne viendra pas. Je n'y crois plus maintenant.

Quel hiver de chiens !

Je leur prépare un repas digne de l'effort qu'ils viennent d'accomplir, soigne les quelques tendinites et leur donne un repos de sept heures. En consultant les tableaux, je constate que les écarts se creusent, autant en tête que derrière. Les meilleurs ont maintenant presque vingt-quatre heures d'avance sur moi, alors que d'autres ont déjà plus de trois jours de retard. À moins d'un brusque et violent changement de température, je sais maintenant qu'il me sera impossible de revenir dans le peloton de tête. Frank se maintient dans le groupe des quatre leaders. Avec dix chiens, il a su résister et même distancer plusieurs attelages qui en avaient conservé treize ou quatorze pendant longtemps. Maintenant qu'ils sont tous redescendus à dix ou onze, ses chances de gagner redeviennent totales. Ce Frank est vraiment un sacré « little big man » !

Avec –30°C en milieu de nuit, je décide de profiter de ce léger mieux pour effectuer une grosse étape : cent quarante kilomètres.

Les trois mushers qui m'avaient pris en chasse reviennent et je sais qu'en réalisant cette étape en un seul « run », je règle quasi définitivement le problème, car eux s'arrêteront au moins six heures pour reposer leurs chiens qu'ils poussent depuis deux jours pour essayer de me rattraper.

J'imagine déjà leur tête lorsqu'ils consulteront le tableau d'affichage de Circle. Ils s'imagineront n'avoir plus que deux ou trois heures de retard sur moi, car leur remontée est très régulière. Or ils en auront plus de huit !

Repos au milieu des chiens avec un réveil dans le bonnet afin d'être certain de se réveiller à l'heure.

Je quitte Biederman vers deux heures du matin et m'arrête trente kilomètres plus loin dans une cabane qu'un sympathique skieur de fond canadien maintient ouverte pendant la durée de la course. J'en profite pour enlever les glaçons qui alourdissent barbe et moustache, et donner à boire aux chiens. Trente minutes plus tard nous repartons ; je laisse filer pendant six heures, ne nous accordant seulement deux arrêts snacks, café, gâteau, caresse.

Au lever du jour, nous nous arrêtons une heure et demie et je me prépare à y aller après avoir nourri les chiens, lorsque le musher qui pensait m'avoir définitivement largué arrive ! Il dormait dans une cabane de trappeur lorsque je l'ai doublé et était loin d'imaginer que je pouvais me trouver maintenant devant lui. Sa déception est d'autant plus grande qu'il m'avait pris de loin pour le concurrent placé devant lui qu'il pensait avoir enfin rejoint !

Il me dépasse sans ralentir et je lui adresse un salut chaleureux. Sans réponse. L'ambiance est à la compétition.

Pages suivantes : En milieu de journée, il fait vraiment trop chaud pour mes chiens de l'Arctique.

Vers midi, le soleil monte dans le ciel et la température devient estivale. Je fais une nouvelle pause, une heure, pour éviter une hyperthermie et réhydrater les chiens.

Quelle galère cette chaleur ! Dire que la Quest est une course réputée glaciale avec des moyennes de – 40°C !

La piste est magnifique. Elle emprunte à l'écart du lit principal du Yukon des bras étroits et sinueux, où les grands sapins chargés de neige nous font une haie d'honneur. Nous arrivons en vue de Circle et les chiens prennent le galop car ils sentent que nous approchons. J'aperçois Jérôme sur la berge et imagine son émotion.

Lorsque je quitte le check-point vers minuit après huit heures d'arrêt, Jim, l'un de mes trois poursuivants, arrive. Il a lâché les deux autres. Pour eux, la poursuite est finie. Ils savent qu'à moins d'un gros problème, ils ne pourront plus me rattraper. Il éclate de rire lorsque je passe devant lui.

– Espèce d'enfoiré de Français...

Un grand sourire en guise de réponse. Depuis cette nuit dans les Black-Hills, Jim est devenu mon meilleur copain sur la course.

Arrivée à Circle après 140 kilomètres presque d'une seule traite. Les villageois ont installé 28 panneaux de part et d'autre de la piste, un par musher : sympa.

Record de chaleur historique à Eagle avec +1°C !...

Un hiver
CHAPITRE 15

Eagle Summit

Cent trente kilomètres séparent Circle de Central, l'avant-dernier check-point. Environ un tiers des mushers effectue cette étape en un seul « run », les autres s'arrêtent environ quatre heures à mi-chemin. Je décide de couper la poire en deux et de m'arrêter environ deux heures lorsque le jour se lèvera. J'ai dormi presque quatre heures à Circle mais la fatigue accumulée commence à peser lourdement. Vers quatre heures du matin, je ne tiens même plus debout sur les patins mais il nous faut profiter du léger froid (– 25°C) qui tiendra jusqu'à l'aube.

Les chiens n'en finissent pas de m'étonner. Aucun relâchement. Ils trottent et tirent comme des champions.

– Allez les p'tits chiens. Plus que quarante-huit heures d'effort !

Nous arrivons bientôt mais le plus dur reste à faire. En effet, l'ascension d'Eagle Summit puis de Rosebud Summit sont les plus grandes difficultés de la Quest. Combien d'attelages ont abandonné au cours de l'une de ces deux montées ? Même Frank n'y a pas échappé. La première pente est tellement raide qu'un jour son pied a glissé. Il n'a pas eu le temps d'attraper le frein. Le traîneau et les chiens ont été embarqués dans le vide. Ils sont tombés tout au fond d'une cuvette et il n'a jamais pu remonter. Il faisait – 50°C mais Frank a tenu jusqu'à ce que les secours arrivent...

Une autre année, Larry avait mené la course en tête d'un bout à l'autre. À mi-pente, ses chiens ont craqué. Il s'est fait doubler par tous ses poursuivants avant de pouvoir remonter.

Une fois, un musher s'est trompé de chemin dans la

tempête. Il est tombé dans un trou et s'est cassé la jambe. En attendant les secours, ses pieds et ses mains ont gelé et il a perdu plusieurs doigts.

Les records de la Yukon quest

1	FRANK TURNER	***1995***	10 j 16 h 26 mn
2	JIM WILSON	***1995***	10 j 17 h 09 mn
3	JAY CADZOW	***1995***	10 j 18 h 39 mn
4	CHARLIE BOULDING	***1993***	10 j 19 h 09 mn
5	CHARLIE BOULDING	***1991***	10 j 21 h 12 mn
6	BRUCE LEE	***1991***	10 j 21 h 17 mn
7	JOHN SCHANDELMEIER	***1991***	10 j 22 h 03 mn
8	BRUCE JOHNSON	***1993***	10 j 22 h 30 mn
9	DAVE SAWATZKY	***1993***	10 j 22 h 33 mn
10	COR GUIMOND	***1995***	10 j 22 h 37 mn

Un autre, victime d'hallucinations, est redescendu par le même côté qu'il venait de gravir. Il ne s'est rendu compte de son erreur qu'une heure plus tard, en croisant un musher qui allait, lui, dans le bon sens !

Un Américain a passé dix-huit heures à gravir Eagle Summit. Il a monté lui-même le traîneau, puis tout son chargement et enfin les chiens, deux par deux, effectuant quatorze fois la montée...

Les mushers sont intarissables sur Eagle Summit...

Une chose est sûre : celui qui franchit le sommet a déjà un pas sur la ligne d'arrivée, celui qui le passe en tête a un pied sur le podium.

Alain a réussi l'exploit de se trouver sur le sommet avec l'équipe du film lorsque les quatre leaders ont attaqué la montée. Ils sont passés ensemble, s'entraidant les uns les autres... L'explication aura lieu plus tard. Lorsque j'arrive à Central, j'apprends qu'ils ne sont plus qu'à six heures environ de la ligne d'arrivée. Frank a quitté le dernier check-point « Angel Creek » en 4e position, quelques minutes derrière les autres. Rick Mackey est en tête avec trente minutes d'avance.

Allez Frank ! C'est toi le meilleur.

Je suis au pied d'Eagle Summit vers une heure du matin et nous attaquons la montée. Je pense sans arrêt à Frank en train de se battre à l'arrivée. Entend-il mes encouragements ?

C'est raide, très raide. Les chiens tirent courageusement, même Gao qui a effectué la moitié de l'étape dans le traîneau entre Circle et Central. Je souffle comme une locomotive, mais nous arrivons en haut de la première pente sans nous être arrêtés une seule fois. Il paraît que la seconde est la pire ! Qu'est-ce que ça va être ?

Je me répète souvent : j'y suis !

Eagle Summit est à la Yukon Quest ce que la tour Eiffel est à Paris : un monument ! On n'a pas fait la Quest tant qu'on n'a pas franchi ce sommet. Encore deux cents mètres et je serai en haut, un pied sur la ligne d'arrivée. Sur cette « finish line » mythique, que tous les mushers du monde ont rêvé de franchir un jour.

– Allez les chiens. Allez ! C'est le moment ou jamais.

Les pieds bien calés dans la pente, je pousse de toutes mes forces en hurlant des encouragements aux chiens dont les griffes s'accrochent en crissant sur la neige durcie. Torok rampe dans la pente tellement il tire, le harnais disparaît dans les poils. Ses muscles se tendent comme des cordes de violon.

Mètre par mètre nous escaladons en dérapant. C'est tellement abrupt qu'avec la main j'appuie sur le frein pour éviter que le traîneau ne redescende lorsque les chiens s'arrêtent.

À mi-pente, Voulk dérape et s'emmêle dans les traits de Baïkal, l'empêchant de tirer et gênant Torok derrière lui. Nous ne pourrons pas monter comme ça. Je pousse très légèrement le traîneau, fait mordre le frein dans la neige et laisse redescendre la charge pour le bloquer. L'équilibre est précaire. À la voix, je maintiens la traction des chiens en démêlant au plus vite les lignes. Je glisse plusieurs fois, tombe, jure et me relève à toute vitesse avant d'atteindre la tête de l'attelage. Je décroche les mousquetons et m'apprête à dénouer les lignes lorsqu'une traction, sans doute Torok, débloque le frein. Le traîneau après une demi-seconde d'hésitation commence à redescendre de quelques centimètres, entraînant les chiens en arrière. La catastrophe !

Pages suivantes : *Eagle Summit avec des pentes à plus de 35°. Ici, Frank arrive au col après 5 heures d'ascension.*

Je hurle avec tant de conviction que la meute, d'une seule traction, reprend l'avantage. Le traîneau s'immobilise. C'est l'image classique des mauvais films américains où la voiture à moitié dans le ravin se balance sur le bord du précipice.

– Allez ! Allez !

Je redescends le long du trait en tirant de toutes mes forces sur la corde afin de retenir le traîneau. Si celui-ci recule d'un seul centimètre, les chiens perdront leur appui des petits cals qu'ils ont creusé à force de piétiner et plus rien ne pourra empêcher le traîneau de dévaler jusqu'en bas...

Les chiens ne resteront pas longtemps dans cette position d'équilibre. Ils doivent avancer ou s'arrêter. Combien de secondes pourront-ils encore tenir ?

Lorsque j'arrive près de Torok, je hurle :

– Allez Torok ! Allez mon gros Torok !

Et il tire de toutes ses forces. À s'en déchirer les muscles. Je lâche tout et me laisse glisser jusqu'au traîneau. Les chiens cèdent et aussitôt on part tous en arrière. Je plonge alors sur le frein afin qu'il morde dans la neige. Je m'en écrase la main. Le traîneau s'immobilise et les chiens reprennent des appuis. Silence.

Je souffle en me massant avec de la neige pour éviter que ma main n'enfle trop.

– C'est bien les chiens ! C'est bien. Bravo Torok, c'est bien !

Leur position est inconfortable. Ils sont comme moi, ils veulent en finir. Nous repartons.

Cinq mètres. Dix secondes d'arrêt pour trouver des prises.

Cinq mètres. Arrêt.

Nous arrivons. Gagné !

Torok reçoit sa médaille d'or.

Voulk, celle d'argent.

Pawnee, Kurvik et Baïkal celle de bronze.

Ouktu, Gao et Oukiok, les félicitations du jury.

Et câlins pour tout le monde !

John Schandelmeier, le tenant du titre, attaque la montée talonné par Frank.

Nous ne nous éternisons pas en haut et partons de l'autre côté. La descente à flanc de montagne est très difficile, d'autant plus que de nombreux rochers et plaques de glace compliquent le parcours.

Je m'arrête quatre heures avant d'attaquer Rosebud Summit. Je suis rejoint au moment de partir par le Finlandais qui, avec six chiens, remonte tout le monde depuis Dawson où il est arrivé plus de quinze heures derrière moi.

Il décide de me suivre sans laisser de repos à ses chiens !

Sans doute m'aurait-il un peu inquiété s'il avait donné deux ou trois heures à ses chiens mais c'est de la folie que de vouloir réaliser ces deux étapes de montagne en un seul « run » d'autant plus qu'au dernier check-point, il ne s'est arrêté que quatre heures. Il ne tiendra pas jusqu'au bout. J'en parierais mon traîneau.

Sale Fin

Nous arrivons ensemble, le Finlandais et moi, à Angel Creek mais les vétérinaires l'empêchent de repartir car ses chiens sont totalement déshydratés et sans doute épuisés. Pour lui, la course est finie.

Je me retrouve confortablement installé à la 13e position sans espoir de regagner une place. Le 12e se trouve cinq heures devant nous et Jim est trois heures derrière moi.

L'arrivée est à cent soixante-dix kilomètres. Une distance que les attelages effectuent en une douzaine d'heures après un arrêt obligatoire de six heures au checkpoint d'« Angel Creek ».

Les quatre premiers attelages ont fini hier soir. Ils ont merveilleusement terminé. Rick Mackey s'est vite dégagé des trois autres et a remporté l'épreuve avec une heure d'avance sur eux.

La bataille a eu lieu pour les places suivantes. Parti quatrième d'Angel, trente-cinq minutes après John et vingt-cinq minutes après Mark, Frank a réussi une spectaculaire remontée, grignotant des secondes à chaque kilomètre. John et Mark se sont retrouvés ensemble à trente kilomètres de l'arrivée. Soudain dans un virage, Frank a aperçu les deux attelages qu'il poursuivait depuis neuf heures. Il les a doublés et il est arrivé second. Bravo Frank ! Félicitations !

Je consulte le tableau : « Nicolas Vanier, treizième, départ autorisé à 00 h 16 minutes du matin ».

À dix heures, je suis réveillé par un juge de course. Il m'apprend qu'un musher a déposé une plainte contre moi à Eagle, m'accusant d'avoir utilisé la nourriture de ses chiens pour ma meute !

Baïkal, chef de meute depuis la mort d'Otchum, est l'un des six chiens qui franchira la ligne d'arrivée.

C'est tellement énorme que je reste sans voix, incapable de dire quoi que ce soit.

Six heures de pénalité, je ne suis autorisé à repartir qu'à 06 h 16.

Je suis tellement dégoûté que je décide de ne pas continuer. Pas question de finir cette saloperie de course en supportant une accusation pareille ! Les juges repartent aussi vite qu'ils sont venus sans attendre que je sois totalement réveillé. Je retrouve mes esprits et bouillonne de fureur.

Eagle ! Je me souviens tout à coup qu'il s'agit d'un des check-points où des habitants du village allaient eux-mêmes chercher les sacs de nourriture étiquetés à votre nom. Dès lors, comment aurais-je pu utiliser celle d'un autre musher et pourquoi l'aurais-je fait ? Comme à chaque check-point, j'y ai laissé un surplus de bouffe incroyable car j'en avais préparé beaucoup trop. Tout cela est aberrant.

Jérôme est assommé.

– Tu ne vas pas t'arrêter à cent cinquante kilomètres de l'arrivée quand même !

– Qu'est-ce que ça peut faire. La course est finie, c'est une formalité...

Six heures passent, sept heures. À huit heures, soit près de dix-sept heures après être arrivé ici, je décide brusquement de repartir. Pour Jérôme, pour mes chiens, pour aller au bout, pour moi, tout simplement. Je laisse Gao et Oukiok, car après un pareil repos, je vais aller très vite et d'une seule traite à Fairbanks et ils ne tiendront pas le rythme aussi longtemps. Sur mon traîneau, la colère ne passe pas, alors que cette étape aurait dû être une belle balade décontractée. On le méritait bien.

Je suis furieux. Je double un concurrent parti deux heures avant moi mais je m'en fous complètement.

J'arrive à North-Pole, à trente kilomètres de l'arrivée où l'organisation a monté quelques tentes afin de contrôler les passages. Pas de juge. Je demande un téléphone et

obtiens la communication avec le patron de la course. Il est ennuyé et me supplie de finir la course. Je refuse s'il ne lève pas cette pénalité injustifiée.

En fait, de son côté, Frank a compris ce qui s'était passé et l'a expliqué au juge qui se trouve maintenant dans une fâcheuse position. La plainte vient de Trevor, le musher de l'attelage de jeunes chiens que Frank lui a prêté. Nous avons préparé ensemble nos sacs de dépôt et utilisé les mêmes emballages, les mêmes snacks, les mêmes quantités, les mêmes étiquettes.

En course comme en randonnée, il faut profiter de toutes les occasions pour faire boire les chiens.

À Eagle, la personne chargée de distribuer les sacs a sans doute commis une erreur. C'était d'autant plus facile que rien, sinon un nom à demi effacé, ne permettait de différencier nos sacs. Quand Trevor comprendra l'affaire, il ira retirer sa plainte mais le mal est fait.

Je suis fou de rage. La fatigue accumulée depuis quinze jours ne m'aide pas à bien prendre la situation et je suis exécrable avec les officiels qui m'attendent à l'arrivée. Je m'arrête à cinq mètres de la banderole « Finish » et refuse de passer la ligne avant d'avoir obtenu des explications claires qu'ils ne veulent pas me fournir avant que je la franchisse. Le cercle vicieux.

Il est trois heures du matin et les officiels qui ne dorment plus depuis deux jours en ont, eux aussi, ras le bonnet.

C'est vraiment une sale fin. Je passe la banderole en boudant.

Épilogue

À trois cents mètres de l'arrivée, légèrement dissimulé par la végétation envahissant les berges de la rivière par laquelle nous pénétrons dans le centre de Fairbanks, j'arrête mon petit attelage.

Là-bas, au loin, je devine les ombres des officiels au bord de la « finish line ».

– C'est fini les chiens, on est arrivés. On a réussi.

Fairbanks en vue. Les chiens savent que nous y sommes.

Je prends Torok dans mes bras et l'embrasse affectueusement passant mes doigts dans l'épaisse fourrure de son imposant poitrail. Baïkal me lèche le visage et Kurvik s'approche prudemment. Il sent qu'il peut aujourd'hui se permettre de quitter sa place et je le lui dis en caressant le gros Pawnee.

– Viens Kurvik, toi aussi Ouktu.

Ils entraînent avec eux Voulk et nous formons tous ensemble un beau tas de poils.

Je m'assois dans la neige, au milieu d'eux et une grosse bouffée d'émotion m'envahit.

Ce qui nous attend, là-bas sous la banderole, n'a plus d'importance.

C'est notre arrivée, la seule qui compte.

Bravo les chiens !

REMERCIEMENTS

Cet « hiver » n'aurait pas été possible sans le soutien de Pedigree Pal et je tiens à exprimer mes plus vifs remerciements à toute l'équipe d'Unisabi et à leurs ingénieurs qui ont mis au point une nourriture extrêmement performante et parfaitement adaptée à mes chiens.
Nos chiens, une fois encore, ont voyagé grâce à Air Canada qui nous aide toujours d'une manière chaleureuse et efficace.
Le ministère du Tourisme du Yukon ainsi que l'ambassade du Canada ont facilité et aidé les voyages des différents médias que je tiens également à remercier : Paris Match, France Info, Libération ainsi que TF1, France 3 et Doonerak's Runner pour la fourniture de matériel (traîneau et accessoires).

Invitation au voyage

Nicolas Vanier et son organisation maintenant basée au Canada, près de Whitehorse, en plein cœur des montagnes Rocheuses, invitent quelques groupes de deux ou trois personnes à venir l'hiver partager une expérience unique en traîneaux à chiens.

Guidée par d'anciens équipiers d'expédition à travers la Sibérie, le Canada ou la Laponie, l'organisation propose de vivre, à la carte, un raid authentique dans les vallées sauvages des montagnes Rocheuses sur la piste de Jack London.

Achevé d'imprimer sur les presses de
l'imprimerie Fournier Artes Graficas à Vitoria (Espagne)
dépôt légal : septembre 1997
ISBN : 2-7324-2375-0